黃松文 長詩集

조선소의 바다

문학사계

머리말

막다른 골목을 질주하는 아이들에게

올해를 임진년壬辰年 용의 해라고 한다. 그것도 흑용黑龍의 해라고 한다. 돈에 눈이 어두운 사람들은 신년 벽두부터 60년 만에 돌아온 '흑룡의 해'라며 앞을 다퉈 '흑룡마케팅'을 펼치고 있지만, 흑룡이 그리 상서로운 동물(상상의 짐승)이 아니어서 마케팅 활용에 맞지 않다는 주장이 나오고 있다.

임진왜란이 흑룡의 해에 일어났다고 언급된 문집의 기록뿐 아니라 조선의 건국설화에 태조 이성계의 조부 도조는 꿈에 흑룡을 쏘아 죽였다는 기록도 있다. 흑룡을 퇴치한 꿈 덕분에 조선왕조의 기틀을 쌓았다는 내용이다.

검은 색은 사탄 마귀를 상징한다. 까마귀를 불길하게 보는 까닭도 여기에 있다. 이상李箱의 시 「오감도烏瞰圖」는 까마귀가 위에서 내려다보는 가운데 13인의 아이가 도로를 질주하는 것으로 되어 있다. 불길한 새의 표상인 까마귀가 굽어보는 가운데 아이들이 질주하는 모습은 정체모를 불안으로부터 벗어나고자 하는 필사의 몸

부림이다.

  지금 한반도 정세는 이와 흡사하다. 경제적 어려움을 겪고 있는 미국은 군사지원을 축소하는 추세에 있다. 부강해진 중국은 막강한 해군력으로 우리의 서해를 넘보고 있고, 일본 역시 막대한 군사력으로 독도를 넘보고 있으며, 핵을 가진 북한은 서울을 불바다로 만들겠다고 위협하는 등 그 어느 때보다도 정신을 바짝 차려야 할 때인데, 위기의식을 상실한 게 문제가 아닌가 한다.

  돈을 좋아하다가 쥐약을 먹고 비틀거리는 정치인들, 공생공영을 외면하다가 서민의 눈 밖에 난 일부의 재벌들, 무관심이 만연된 가운데 폭력이 난무하는 교육현장, 그 어느 때보다도 국가안보를 튼튼히 해야 할 때에 제주도 해군기지 건설을 외면한 국회, 이미 품위를 잃은 몰지각한 일부의 법관들을 보게 될 때 실로 이게 흑룡이 상징하는 말세현상이 아닌가 하는 의구심을 떨칠 수가 없다.

  이러한 불안과 공포, 절망적이고 암담한 현실 상황을 벗어날 수는 없을까? 위기를 위기로 보지 못한 채 세금만 축내는 반거들충이들, 그 건달들을 어떻게 하면 염치를 알게 할 수 있을까 궁리하다가 떠오른 게 「조선소의 바다」였다. 지금은 해변에 누워 있지만 완성이 되어 진수식을 마치면 태평양으로 대서양으로 인도양으로 남빙양 북빙양 오대양 육대주로 줄기차게 나아가야 한다는 꿈을 심어주고 싶었다.

  불안과 공포의 전율 속에서 막다른 골목을 질주하는

무서운 아이와 무서워하는 아이를 위해서 봄 햇살 다사로운 길, 뚫리고 열린 길로 안내하고 싶었다. 그래서 이 시는 밝음을 지향한다. 이 장시집의 씨앗은 1972년에 발행한 『造船所』에 있다. 그 시집 속에 들어 있는 한 편의 시에서 떠오른 발상이 민들레처럼 새끼를 쳐서 오늘 햇빛을 보게 되었다.

  춥고 배고프고 의지할 곳 없이 막다른 골목을 질주하는 아이들에게 툭 트인 길, 태평양 대서양 인도양 할 것 없이 사통팔달로 열린 길을 종횡무진 달려가기를 바라는 마음 간절하다.

  檀紀 4345년(西紀 2012년) 龍馬山 자락에서
  黃松文 적음

黃松文 長詩集 | 차례

머리말 *3*

1. 서시 *11*
2. 소금의 사상 *12*
3. 소금論 *14*
4. 대장장이의 꿈 *16*
5. 만선滿船의 꿈 *18*
6. 낚시의 꿈 *20*
7. 푸른 바다 빛깔 *22*
8. 남극에서 북극까지 *24*
9. 터빈 돌아가는 소리 *27*
10. 물의 철학 *28*
11. 물의 사상 *30*
12. 남극의 오로라 *31*
13. 젊은 선교사 이야기 *33*
14. 불의 사상 *36*
15. 내 가슴속에는 *38*
16. 바다를 건너왔더니 *40*
17. 흰 구름 타령 *41*
18. 강철판의 본향 *42*

19. 조선공법 造船工法　47
20. 터빈이 돌면　48
21. 땅에서 바다로　49
22. 강판 붙이기　51
23. 청보리 바다　52
24. 파도타기　53
25. 바다 가득히　55
26. 조선소 북타령　56
27. 파도여 파도여　57
28. 출항할 때는　59
29. 태극기가 하늘을 날듯이　61
30. 출항하는 바다　63
31. 적조현상 赤潮現象 2　67
32. 적조현상 赤潮現象 3　69
33. 동해풍경 3　72
34. 충무공이순신전상서　73
35. 바다 울음　74
36. 바다 진혼곡　76
37. 진수식 풍경　77
38. 출항의 기도　78
39. 죽피 처방　80
40. 辛夕汀 詩人說　82
41. 鄭貴永 評說　84
42. 연어　86
43. 바다 인터뷰　88

44. 독도獨島　89

45. 바다의 날　92

46. 6월의 바다　93

47. 전갈 1　96

48. 전갈 2　98

49. 마음 넓히기　99

50. 은유의 바다　100

51. 절정의 바다　101

52. 민들레 바다　102

53. 질경이 바다　104

54. 이순신 장군의 바다　106

55. 바다 운동회　109

56. 임진년의 바다　111

57. 몸에 대하여　115

58. 조시弔詩　116

59. 뛰어야 벼룩　117

60. 조선소의 바다　119

작품해설/ 민족혼과 창생蒼生의 바다를 항행하는 신화,
　　　詩의 배 - 이경철　121

1. 서시

하얀 소금을 몰고 오는
백마 떼 물비늘,
용접공의 땀 속으로
스며들고 빨려드는 바다
완성을 향하여 건조建造하는 조선소造船所의 바다.

수건에 걸린 하늘로
원시와 현대가 숨을 몰아쉬면
맨발로 뛰는 심장이
어둠을 털고 일어나
원시의 바다와 관계하리라.

태평양 대서양 인도양으로
오대양 육대주로 달려 나가는
무지개꿈을 펼치고자
불을 튀기는 대장장이들
금관가야 대장장이들이 일어나
불꽃 번쩍 번쩍 녹을 털어 내리라.

2. 소금의 사상

구릿빛 등살을 드러낸 채
망치를 내려치는 가야의 대장장이들
땀에 절은 수건에 빨려드는 바다.

생명의 의욕이 바다로 넘치면서
노력의 결정체, 바다의 입방체,
건강한 소금을 끌어들인다.

건축공법은 구멍과 꼬챙이,
뚫고 끼우고 붙이며 잇는다.
염분이 바다를 건강하게 하듯이
어둠을 털고 일어나
바다와 관계하는 푸른 꿈을 위해
완성을 향하여 불을 튀긴다.

미량의 염분이 바다를 건강하게 하듯이
이 세상을 건강하게 하는 조선造船의 땀,
피와 땀과 눈물이 인류를 구원하리라.

용접공의 수건에 젖은 땀에
한없이 스며들고 빨려드는 바다.

바다를 땀이 정복하고
바다를 땀이 살려낸다.

사람의 땀과 바다의 소금,
사람의 소금과 바다의 땀,
땀과 소금은 신라 가야의 정신
건강한 가야금 산조를 물방울 튀긴다.

3. 소금論

신라 가야금 산조에서
맑은 소리를 듣는다.

투명한 하늘 아래
맑은 정신으로 배를 짓기 전에
사람이 되어야 한다고
바다가 은어隱語를 쏟아내고 있었다.

짭조름한 소리로
바다의 노동에서 소금이 나오듯이
비오듯 쏟아지는 땀방울에서
하늘과 태양과 바람을 마시면서
거대한 배가 지어지게 된다고
푸른 바다가 말하고 있었다.

바다에서 소금이 나오듯이
진실은 고난苦難에서 나오고,
세상의 모든 식탁 위에서
소금 같은 진실이 나오듯이
배를 짓는 이의 땀과 눈물이
신바람 나는 살맛을 살려낸다고

강렬한 뙤약볕에 벼가 익듯이
이글거리는 태양 아래서
구릿빛 등살을 드러낸 채
소금을 캐는 일꾼들의 대패질에
하늘이 확 다가오고 있었다.

소금물 미는 고무래질에
이마에서 어깨에서 등에서
무쇠처럼 단단한 팔뚝에서
땀이 줄줄 흘러내리듯이.

거대한 조선소, 거대한 강선鋼船
강철판을 이어붙이는
용접공의 이마에서도 땀이 흐르고.

햇볕과 공기와 물에 의하여
하느님과 조상님의 은덕에 의하여
어머니의 자궁으로부터
바닷물 같은 자궁의 양수로부터
우리는 소금의 정신으로 태어났느니라.

4. 대장장이의 꿈

이글거리는 화덕 옆에서
모루 위에 달구어진 쇠붙이를 올려놓고
힘차게 메질을 할 때마다
번쩍번쩍 불똥이 튀길 때
온갖 잡것, 녹들이 떨어져 나가듯이
거짓된 쭉정이들, 건달들이 다 떨어져 나간다.

배를 만드는 데에
건달들은 살아남지 못하고
불똥이 되어 떨어져 나간다.

보검, 명검을 만드는 대장장이는
허튼 생각 하지 않고
오로지 자나 깨나 화덕에 불을 지피고
해머를 두드려 쇠에서 녹을 빼어낸다.

정치하는 건달들, 춤추는 제비들,
치졸한 사기꾼들, 좀벌레 같은 협잡꾼들,
사이비 문인들, 아부에 살찐 아첨꾼들, 정권에 빌붙어서 혹세무민한 무리들을
쇠망치로 내려칠 때마다 번쩍번쩍

온갖 녹슨 똥이 떨어져 내린다.

그 위에
보검, 명검을 만들 듯이
세종대왕함을 만들고, 장보고함을 만들고,
충무공함을 만들고, 을지문덕함을 만들고,
광개토대왕함을 만들고, 양만춘함을 만들어서
하늘에 바치는 진수식 끝에
오대양 육대주로 마음껏 펼쳐나가는 꿈이
대장장이 망치 끝에 불꽃 튀기고 있다.

5. 만선滿船의 꿈

바다 한 아름씩 건져 올려
만선으로 돌아오는 꿈을 꾸며 기다린다.

완성의 용접이 끝나고
터빈이 작동하는 소리 심장에 울리고
진수식을 마치면 드넓은 바다
마음껏 종횡무진으로 항해하여
물음표와 느낌표 가득가득 싣고
만선으로 돌아오는 꿈을 꾸며 기다린다.

환호하며 돌아올 때는
물음표와 느낌표로 가득한 바다
감격과 감동을 전수하는 바다
국회가 그런 감격으로 토론하고
법원이 그런 감동으로 판단하고
관료가 그런 느낌으로 동분서주하는
꿈을 꾸며 완성의 못질을 기다린다.

태평양은
물어도 물어도 끝이 없는
하늘과 바다의 입맞춤,

느껴도 느껴도 끝이 없는
태양과 바람의 속삭임,
신비의 베일 저쪽 암유暗喩의 무지개
시詩가 되고 배가 되어 헤엄쳐가는
그 날을 기다리며 푸른 꿈을 꾼다.

6. 낚시의 꿈

정어리와 문어 다리를 미끼로 던지면
사람 키만한 할리벗이 걸려든다.

불타는 태양이 가면을 벗을 때
물고기 회를 고추장에 찍는다.

가식의 옷을 벗고
구릿빛 등살을 드러낸 채
내장을 들어내고 광어회를 뜨노라면
수백 수천의 갈매기가 떼로 몰려오고
물고기 내장을 물고 뜨는 갈매기를
나꾸어 채고 뜨는 독수리를
보트에서 카메라는 개살구를 씹는다.

곰이 전기다리미 같은 앞발로
물고기를 건져 껍질을 벗겨 먹듯
시원始原을 건져 먹는
우리들 정신의 어망魚網.

태평양 물고기의 싱싱한 회처럼
관념의 껍질을 벗기고

고추장을 찍을 때의 그
일제히 몰려오는 물음표와 느낌표
만선 가득한 어망 같은 감탄사!

붉은 악바리들의 함성을 꿈꾸며
원양어선이 완성되기를 고대한다.

7. 푸른 바다 빛깔

오뉴월 파도타기는
청보리 밭 매스게임의 율동,
여고생들의 동영상을 생각하게 한다.

숙여지고 쳐들리는 머리카락과 머리카락과
쳐들리고 휘어지는 팔다리와 팔다리와
어깨와어깨와허리와허리와……
구풀대는 힘찬 산맥과 일렁이는 파도
고구려와 백제와 신라의 강강수월래
펄럭이는 조선의 맥박을 생각하게 한다.

대자연은 저리도 광활하고 아름다운데
바닷가 조선소의 역사役事는 하늘을 찌르는데
온갖 신문이나 텔레비전이나 컴퓨터의 소식은
삼독三毒 오욕五慾으로 가득한 쓰레기장이다.

지체 높다는 선량選良들에게서 비린내가 난다.
어망에서 부려진 물고기만도 못한 족속들
언제나 사람 구실을 할 수 있을지
천지신명께 비나이다 비나이다
하느님께 비나이다 비나이다

어쨌던지 새싹처럼 자라나는 총생들
저 청보리 밭처럼, 자운영 밭처럼,
밑거름이 되어 썩어져서 아름답게 살되
비겁하게 살지 말고 선량하게 살도록
천지신명께 공생공영하기를 비나이다.

저 푸른 바다 빛깔처럼
저 청보리 밭이랑의 빛깔처럼
저 자운영 꽃밭 융단의 빛깔처럼
언제나 젊고 신바람이 나기를
하느님께 천주님께 비나이다 비나이다.

8. 남극에서 북극까지

높이 나는 새가 멀리 본다고
하늘과 바다가 말하고 있었다.

하늘의 말씀은 거룩한 계시啓示
바다의 말씀은 해저海底의 잠세어潛勢語
상징과 은유로 표현하고 있었다.

멀리 보지 못하고
집안싸움으로 날 새는 줄 모르다가
위만과 한漢에게 고조선이 당했다.
말갈에게는 백제와 신라가 당했다.
고구려는 위魏에게 당하고
숙신肅愼에게, 선비鮮卑에게 당하고
연燕에게 당하고, 수당에게 당했다.

고구려는 또 다시 몽고에게 당하고
원元에게 당하고
조선의 마지막에는 왜놈들이
쑥밭을 만들어버렸다.

오오, 원통했던

임진왜란과 병자호란
정겨운 이야기가 왕래하던
개나리 울타리는 날아가고
박꽃이 하얗게 웃던 초가는 불탔다.

가족은 학살당하고
조석으로 청명한 물 한 가슴
찰랑찰랑 넘치도록
하늘을 머리에 이고 살던
조선의 여인들은 겁탈 당했다.

역사는 동시성同時性으로 반복되는가
중국은 동북공정으로 야금거리고
일본은 독도가 자기 섬이라고
첨단과학 군사무기로 겁을 주는데,

허리 잘린 불구 병신들이
뭐가 잘났다고 전기톱에 쇠망치에
단상점거에 멱살잡이 공중부양으로
인간 말종들은 나라 망신을 시키는가.

북서풍지대 기상도는
먹구름이 떼를 지어 몰려온다 하는데,
머슴들이 곡식을 훔쳐내고
생쥐들이 볏섬을 써는 가운데
북서풍이 거세게 불어오는데,

항공모함이 해양영토를 위협하고
어선들이 해양영토를 침입하여
바닷물고기를 싹쓸이하는가 하면
이지스함으로 중무장하고
독도를 자기 섬이라고 우기는 판에
제주 해군기지 건설을 미루는 건달들
반거들충이들이 세금만 축내고 있다.

대한민국 건달들은 반거들충이
밥만 축내는 창경궁의 문지기
개침을 질질 흘리고 있다.

9. 터빈 돌아가는 소리

터빈 돌아가는 소리는
잡념을 태우면서 출항하는 소리
냉랭한 세상에 훈김을 불어넣는 소리
오탁汚濁의 시궁창에서 허덕이다가
밝은 해를 맞으러 훌훌 털고 나가는 소리
돼지에게 진주를 던져주지 말자고
채근하고 다짐하며 맹세하는 소리.

이른 아침 터빈 소리를 들으면
이순신 장군이 난중일기에서 나오신다.
임금에게도 기죽지 말자더니
수루에 올라앉아서 시를 쓰더니
크게 웃으면서 내게로 다가오신다.

이 나라를 살리기 위해
이 세상을 이롭게 하기 위해
출항을 위한 터빈 소리를 들을 때
나는 비로소 어둠 속에서도 태양을 본다.

10. 물의 철학

조약돌이 물에서 나오듯
우리들은 모태母胎에서 나왔다.

조약돌이 물결에 다듬어지듯
우리들은 어머니의 아픔을 통하여
다듬어지고 길러져 왔다.

무한대의 바다는 어머니의 품속
어머니의 품속은 무한대의 바다
눈을 감으면 어머니 품속이 그리워지고
끝없는 바다가 그리워진다.

내 고향 남쪽 바다는 어머니 양수羊水
어머니 모래짒물은 내 고향 바다
생육과 번성을 위해 바다로 간다.

광대한 애무의 맛을 보기 위해
태평양으로 대서양으로 인도양으로
남빙양으로 북빙양으로 젖을 찾아간다.

너그러운 어머니 젖무덤을 찾아

상냥하고 위대한 어머니를 찾아
개방주의, 세계주의자 바다로 향하여
완성의 못질이 떨어지는 날 바다로 간다.

11. 물의 사상

마음을 키우기 위해 하느님을 믿듯이
마음을 넓히기 위해 바다로 향한다.

맑음과 흐림을 가리지 않고
포용하여 삼키는 대도량의 바다,
넓고 깊은 생각을 가슴속에 품은 채
드러내지 않는 홍원弘遠함이여

어느 한 쪽으로 치우치지도 않고
교만하지도 거만하지도 않는 바다는
언제나 호장豪壯하여 즐거움을 준다.

한 번 후퇴하면 두 번 전진하고
오염된 상처를 씻어주며
온갖 어려움을 해결해 주는 해결사,
너그러운 지혜가 하늘을 닮았다.

12. 남극의 오로라

거선의 질주는
시원始原의 합궁合宮
대자연의 동영상 오로라를 바라본다.

극광極光은 공중누각
버드나무 흐늘거리는
낙원 삼층천 은밀한 침실
꿈길로 가는 파라다이스.

선녀와 나무꾼이 들켜버린
절정의 순간, 신음 한 자락.

이몽룡이 성춘향을 찾아
궁宮자로 들어가며
유장하게 내지르는 판소리 한가락.

열두 대문을 지나
궁자로 들어간 사랑궁 안의
수직과 수평과 원형회전운동 끝에
사선을 긋는 유성의 사정―

아으, 아으,
거북아 거북아
구지가龜旨歌를 부르며
거선巨船이 태평양으로 들어간다.

13. 젊은 선교사 이야기

1
유년주일학교 시절
반사 선생님이 들려주던 이야기가 나를 울렸다.

신학 공부를 마치고 외국으로 선교를 떠나는데
배에서 구멍이 났다 했다.

모두들 제 목숨 살리겠다고 갑판 위로 도망치는데
젊은 선교사는 물이 새어드는 구멍을 막고 있었다.

배가 항구에 도착하여 모두들 무사히 내렸으나
그 젊은 선교사는 내리지 못했다.

그는 물이 차오른 배의 밑바닥에서
옷으로 구멍을 틀어막은 채 시체로 발견되었다.

2
미국에서 밀려든 금융위기 해일에
대한민국호가 구멍이 났다.

배의 구멍을 막을 생각은 하지도 않은 채

노조는 정치파업이나 일삼고
공기업은 무주공산, 빚은 불어나도 월급만 챙기는
염치없는 족속들이 나라 망치는 판국에
조선소에서는 아름다운 등불이 켜졌다.

3
조선업계 최고 경영자들이
구멍을 막겠다고 강판을 들고 왔다.
경제위기가 해소될 때까지
월급을 받지 않기로 하자,
나머지 임원들도 월급의 30%, 50%씩
자진반납하기로 강판을 들고 왔다.
노조도 임금인상을 백지 위임하여
구멍 난 부분을 용접으로 화답했다.

경영진은 월급을 받지 않기로 하고
200여 임원은 70%만 받기로 하고
노동자들은 백지 위임으로 화답하여
늘그막에 젊은 선교사를 다시 만났다.

그래서 조선업은 세계에서 1위

거친 바다에서 시추하는 배를
8년 동안에 43척이나 만들었다.

드릴십이 높은 파도와 강풍 속에서도
제자리를 유지하듯이
대한민국호는 만난을 무릅쓰고
제 자리를 지켜가고 있었다.

14. 불의 사상

"불을 꺼트려서는 안 되느니라."
할머니의 지상명령에
어머니는 불을 꺼트리는 법이 없었다.

성냥도 귀하던 시절
할아버지가 부싯돌로 내려치면
차돌에서 불빛이 번쩍 튀기면서
마른 쑥에서 몽개몽개 불이 살았다.

단군 성조 곰할머니가 자시던 쑥이
불을 살리고 사람을 살렸다.
쑥처럼 질긴 목숨으로 살아난
우리의 신화와 전설과 문화는
쑥떡과 노변정담爐邊情談에서 비롯되었다.

노변정담은 막걸리로 이어지고
판소리, 육자배기 가락에
신바람문화가 탄생되었다.

아궁이에 불을 지피면
솥이 불과 물을 조절하여

화상을 입는 법이 없었다.

불은 입의 막대기
입의 혀로 사랑하고 심판한다.
말씀으로 애무하고 심판한다.
입을 용접하겠다는 사람이 용접당하고
방화범이 불에 타죽었다.

"불을 꺼뜨려서는 안 되느니라."
하나님의 지상명령을 지키지 않으면
나라가 휘청거린다.
나라 살림이 거덜 나고
거지가 되어 거리를 방황한다.

제철소에서는, 조선소에서는
"불을 꺼뜨려서는 안 되느니라."

15. 내 가슴속에는

내 가슴속에는
해변의 조선소가 있다.

강판을 이어붙이고, 색칠하고
땜질하여 가다듬는
용접공이 살아 숨을 쉬고 있다.

내 가슴속에는
조선소의 바다가 있다.
하얀 소금을 몰고 오는
바닷가 언덕에서
완성을 향하여 땀을 흘리는
바다 부푼 꿈이 있다.

철판을 이어 붙여 나가더라도
바다로 향하여 달려 나가는
오대양 꿈의 산실이 있다.

내 가슴속에는
진수식을 마치고 달려 나갈
태평양 대서양 인도양 남빙양 북빙양

파도를 헤치며 끝없이 달려갈
마도로스의 푸른 꿈이 있다.

16. 바다를 건너왔더니

바다를 건너왔더니
굴뚝처럼 좁은 마음이 넓어졌어요

바다를 건너왔더니
쓰레기 같은 번뇌가 타버렸어요

바다를 건너왔더니
미움에 들끓는 열병지옥
번식하던 증오가 타버렸어요

바다를 건너 왔더니
망망대해에서 바라보던
수평선상의 노을 그리움……

바다를 건너왔더니
그리움은
노을에 물든 물결이 되어
가슴에서 한없이 출렁거려요

17. 흰 구름 타령

흰 구름이 에헤이요
피어날 적만 같아서는
온 세상을 순백의 세상으로
뒤덮을 것만 같더니만
여름 가고 가을 오시자
맑은 하늘만 남았네.

흰 구름이 에헤이요
피어날 적만 같아서는
마음속의 바둑판을
흰 돌로 채울 것 같더니만
인생의 바둑을 다 두고 나자
통으로 들어가고 빈 판만 남았네.

흰 구름이 에헤이요
피어날 적만 같아서는
청운의 꿈을 품고
온 세상을 호령할 것만 같더니
하드니만 에헤이요 데헤이요
늙어지고 병이 들자
보자기로 구름 잡던 추억만 남았네.

18. 강철판의 본향

내 가슴속에는
조선소에서 배를 만드는
강철판의 본향이 숨을 쉬고 있다.

강철판의 본향은 용광로
시뻘건 불길이 어둠을 말살하고 있다.

견고한 석탄이 강력한 화력을 뿜어내듯
부드러운 시의 가슴이
서로서로 모여들고 한 몸을 이루어
엄동설한을 녹여내고 있다.

칠흑 같은 밤을 대낮같이 밝히는
용광로는 꿈의 화덕
강판을 이어붙이고 이어 붙여서
거대한 거선을 건조하게 한다.

내 가슴속에는
강선의 고동소리가 있다.
말씀 속에서 솟아나는
타고르의 예언대로

일찍이 아시아의 황금시기에
빛나던 코리아에
샘솟는 진리의 말씀이 있다.
나를 부르는 신령한 소리가 있다.

어머니가 동구 밖에서 부르는 소리,
강판에 불이 튀기는 소리가 있다.

하나의 강판에
또 하나의 강판을 붙이면,
불이 튀기는 용접공의 손에 의해서
강철이 한 덩이로 어울려지면
철과 철이 서로서로 볼을 비벼대는 가운데
한 덩어리 거선이 되어
하늘과 바다 사이
이중창 삼중창 넘나드는 바람에
태극 깃발 휘날리며 질주하는 꿈이 있다.

내 가슴속에는
새까만 석탄광이 있다.

수천, 수억 년의 그 석탄광에는
검게 빛나는 석탄에서
시뻘겋게 뿜어져 나오는 용광로가 있고
그 불꽃에서 피어나는 말씀이 있다.
맹렬한 불기를 감춘 채
긴 세월 침묵으로 말하는
석탄의 서늘한 시詩가 있다.

거선이 항해할 때의 바람 같이
하늘과 바다 사이
이중창 삼중창 넘나드는 지성과 감성
우주에서 천주 끝까지 휘날리는
바다의 정신이 살아 숨을 쉬고 있다.

강철판의 본향은 용광로
가식의 껍데기는 사라지게 하고
진실의 씨알이 살아나게 하는
유리겔라의 손 끝
새 생명으로 피어나는 느릅나무 속잎이 있다.

햇빛과 물과 공기의 탄산작용

탄산동화작용에서 식물성 정신이 살아나듯이
용접공 땀방울에서 살아나는
조선소의 푸른 바다 정신
대장부 호연지기 동양정신이 살아나고 있다.

바다 가득히, 하늘 가득이
줄지어 가는 강선단의 행렬,
동심과 시심이 살아나고 있다.

불꽃에서 열매 맺는 강철선
그 위대한 강판의 모자이크들
모이고 모여서 질서를 찾는
대동단결의 살아있는 정신
불꽃 먹음은 정열 덩어리
오대양 육대주로 달려 나간다.

내 가슴속에는
용접공들의 구슬 같은 땀방울이 있다.
강판과 강판마다 불꽃 튀기는
밤낮의 화염검이 반짝이고 있다.

진리의 화염검은
번개 치는 말씀,
말씀의 철장으로 천하를 다스린다.

온갖 잡담과 부정부패,
아첨과 아부에 살찐 무리들을
질그릇 부수듯이 후려치며 내달리고 있다.

19. 조선공법 造船工法

조선공법은 구멍과 꼬챙이
농부처럼 대지를 파고
확실한 종자를 뿌린다.

나사에는 보도 낫도
열려있는 밭에 확실한 뿌리를 뻗는다.

음과 양은 존재의 집
존재를 위한 말씀의 집

성서에 이른 대로
"태초에 말씀이 계시니라.
말씀이 하나님과 함께 계셨으니
말씀이 하나님이니라."

주역에 이르기를
"도道는 말씀이니 음陰과 양陽이 도道이니라."

자자손손 길이길이 존재하기 위해서
땅을 파고 씨를 뿌리고 비료를 주고
농부가 추수를 기다리듯이
조선소에서는 완성의 순간을 기다리고 있다.

20. 터빈이 돌면

터빈이 돌면
가슴 밑바닥에서는 징이 운다.

이순신 장군의 징이 울고
장보고 장군의 징이 운다.
권율 장군의 징이 울고
곽재우 의병장의 징이 운다.

시천주侍天主를 외치며
목숨을 내어던진 민초들
가슴 밑바닥에서도 징이 운다.

세상이 추울수록
훈훈히 덥혀오는 징소리
세상이 어두우면 어두울수록
여명으로 트이어오는 징소리
터빈에서 묻어나는 징소리에
맑은 정신의 태양이 떠오르고 있다.

21. 땅에서 바다로

땅에서 바다로
조선소에서 배가 미끄러져 나간다.

질곡과 굴욕의 뭍을 지나서
지조 높은 날선비의 정신으로
조선소에서 배가 빠져나간다.

여기에서의 시련 고통이
저기에서는 복이 된다고
뱃고동소리도 소리소리 울리며
바다 속으로 기운차게 들어간다.

소금기로 건강한 바다에서
고기 그물 만선으로 차오르듯이
역사의 씨나락을 까먹지 말고
보무 당당 미래로 나아가잔다.

땅에서 바다로 나아가는 길에
해가 마중을 나왔다.
홍시 같은 햇덩이가 오르고 있다.

바다로 가는 조선소의 하늘에
태양이 솟아오른다.
경천敬天과 애국愛國의 해가 오른다.

동방 해 돋는 아침의 나라에
물을 차고 하늘 나는 학鶴처럼
땅에서 바다로
보무 당당 힘차게 달려 나간다.

22. 강판 붙이기

하나의 강판에
또 하나의 강판을,

또 다시 그 곁에
하나씩 둘 씩
용접을 해 나가면,

그 곁에 깃드는 혼
깃든 혼 곁에 또 혼이 깃들어
산맥들, 준령들 줄기줄기
태초처럼 자연스럽게 이어지고,

하나의 강판과 또 하나의 강판
투철한 정신을 이어 붙여서
혼연일체로 거듭나야하느니라.

하나의 강판에 또 하나의 강판이
팔베개처럼 물리고 물려서
다정다감하게 속삭이면
강판은 배가 되고,
배는 새 소망 꿈나라를 펼쳐나간다.

23. 청보리 바다

성난 파도에
나비가 겁을 먹고 돌아온 바다.

김기림이 지쳐 돌아온 나비의 바다가 아니라
청보리 푸른 바다에 말 걸고 싶다.

수억 만 톤을 수용하는
바다, 푸른 청보리밭 물결 이는 이랑
남풍 불면 지그재그로
아무리 휩쓸려도 바로 서는
청보리 푸른 물결로 살고 싶다.

한 걸음 물러서면
두 걸음 전진하는 파도,
청보리 빛 푸른 파도의 정신으로 살고 싶다.

24. 파도타기

전진과 후퇴를 되풀이하면서도
전진을 계속하는 물비늘의
파도의 은어를 배운다.

산발한 파도는 국방색 전투복
낮은 포복, 높은 포복으로 전진할 때마다
하얗게 달려오는 백마 떼 물비늘

파도 타는 사람과
파도 타는 하느님,
파도 타는 악마,
사강四强에 둘러싸인 대한민국은
산맥 같은 파도를 어떻게 타고 나갈까?

나라도, 흥망성쇠도,
물비늘 달려오는 백마 떼,
산 같은 파도의 은어를 배운다.

붉은 용, 검은 용은 기고만장하고
법의 저울이 부러지고, 최루탄이 터지고
전기톱과 쇠망치가 난무하고

공중부양, 미친 널뛰기 위태위태 눈감아
경찰은 얻어맞는 스파링파트너 핫바지
세금을 빼어먹는 생쥐들…
그 뒤의 하이에나들…
설치는 흑룡을 때려잡는 꿈을 꾼다.

25. 바다 가득히

바다 가득히 해가 오신다.
바다 가득히 아버지가 오신다.

하늘 가득히 만국기를 날리며
역사의 산맥 줄기줄기 강물 굽이굽이
배가 가는대로 하늘이 다가오신다.

하얀 소금을 몰고 오시면서
썩지 못하게 하는 바닷물 같이
어둠을 태우면서 다가오신다.

수억 수천만 톤의 햇살과
짠물로 바다를 건강하게 하는
파도를 거스르고 오시는 해님같이
온갖 잡놈들 거듭나게 하려고
새해가 오신다, 아버지가 오신다.

26. 조선소 북타령

조선소가 이헤이요 크기로 말하자면
하늘땅을 얼사쿠나 차지하고 두둥둥
둥둥둥둥 얼사쿠나 한반도 금수강산
얼사쿠나 에헤이요 단군조선 거룩한 땅
두둥둥둥 얼사쿠나 심정불이 붙었네.

조선소가 에헤이요 넓기로 말하자면
오대양을 지나서 천주까지 뻗는다고
삼천리 금수강산 두둥둥둥 얼사쿠나
이산가족 다문화가정 대동으로 두둥둥
두둥둥둥 얼사쿠나 사랑불이 붙었네.

조선소가 얼사쿠나 큰 배를 지으려면
심정의 인연으로 하나되어 두둥둥둥
개미역사 일어났다 두둥둥둥 둥둥둥
얼사쿠나 에헤이요 두둥둥둥 봄신명
두둥둥둥 어리얼시 신바람이 일었네.

27. 파도여 파도여

적진을 향하여, 고지를 향하여
전투대형으로 뛰어오르던
병사들의 찢겨진 군복자락이여!

치열한 전투 중
폭풍에 날리던 연문戀文을
줄기차게 따라가던 손이
뜯어 허쳐 뿌린 풀잎, 민들레여!

국방색 전투복이 일어설 때마다
높은 포복으로 낮은 포복으로
총칼로 온몸으로 백병전을 벌이는
총신과 대검과 백마 떼 물비늘
줄지어가는 도마뱀 떼의 진격이여!

목숨 바친 학도병들의 산골짜기
줄기줄기 피 흘린 노을 언저리에
하얀 폿말들이 노을에 물들면,

국방색 군복 바지의 푸른 주름
능선과 능선에서 뿌리째 녹아내리는

젊은 파도여,
신 지핀 파도의 절묘한 허릿짓이여!

28. 출항할 때는

출항할 때는 개떡을 먹자.
유태민족이 유월절에 무교병을 먹듯이
출애굽을 생각하며 무교병을 먹듯이
해마다 6·25에 개떡을 쪄먹자.
출항할 때는 언제나 개떡을 먹자.

가족은 학살당하고, 초가집이 불타던
임진왜란과 병자호란, 일제 36년,
6·25를 생각하며 개떡을 먹자.

뒤를 돌아보지 말라 했는데,
뒤를 돌아보다가 소돔기둥이 되어버린
롯의 처가 지녔던 미련,
그 미련 때문에 불타는 지옥,
소돔과 고모라성이 불탈 때처럼
북한강 러브호텔 마음에서 불태우고
쓰디쓴 쓴나물에 쑥개떡을 먹으면서
내가 누구인가를 생각하자.

유대만족이
출애굽을 생각하며 무교병을 먹듯이

조선소의 바다 59

우리들은
출북한出北韓을 생각하며 쑥개떡을 먹자.

단군 할아버지의 어머니 되시는
곰할머니가 쑥을 자시고 거듭나셨듯이
우리도 쑥으로 거듭나기로 하자.

뻐꾸기도 피를 뱉는 국립묘지
그 하얀 푯말들, 푸른 목숨을 생각하며
출항할 때는 언제나 잊지 말고
조상들이 자시며 연명하시던
내 나라 쑥개떡을 먹기로 하자.

29. 태극기가 하늘을 날듯이

태극기가 하늘을 날듯이
하늘을 보고 세상을 보자.

세상이 아무리
미친 여자 널뛰듯이
위태위태하게 광란한다 할지라도
체념하거나 실망하지 말고
박애와 자비의 눈으로 바라보자.

언제나 푸른 소나무 대나무 같이
해맑은 마음의 눈으로 귀로
보이지 않는 사물을 보고
들리지 않는 소리를 듣자.

거선의 갑판에 올라 귀를 세워보라.
왜군을 물리치던 이순신 장군
그 휘하 장수들의 함성소리
천자총통소리 들려온다.

거북선 선단에서
왜군 선박에 불을 뿜던

천자총통 지자총통 현자총통 황자총통
승자총통 우자총통 주자총통 측자총통
여러 총통들이 불을 뿜을 때마다
왜병들은 혼비백산하였느니라.

가슴에서 북이 우느냐
심장에서 혈관에서 북이 우느냐

태극기가 하늘을 날듯이
하늘을 보고 세상을 보자.

선장은 선장답게
선원은 선원답게
정치 경제인은 정경인 답게
교육 언론인은 문화인답게
순조로운 항해를 바라고 있다.

30. 출항하는 바다

하늘 가득히
만국기 휘날리며 간다.

산고를 이기며 건조한 배가
동해로 남해로 서해로 출항한다.

밤새도록 해산의 고통을 견디고
시원스럽게 미끄러져 나아간다.

어둠을 들치고 일어서는
파도의 봉우리, 산맥들
희열이 넘치는 아침을 뚫는다.
어둠에 짓눌린 생명들이
빛을 향하여 한데 모여든다.

빛을 찾아 한데 모이자고
세계의 인류여 손을 맞잡자고
같은 피를 이어받은 형제들끼리
왜 미워하며 싸우느냐고

산맥을 닮은 파도의 산들이

大同의 하늘로 만세를 부른다.

바다에 입을 맞추는 구름들
목화송이처럼 피어오른다.
하얀 목화송이처럼
피어오르는 백학과 비둘기의 정신
뱃전의 깃발들이 질주한다.

질주하는 강선에서 환호가 터지고
쏟아지는 햇살이 축복처럼 내릴 때
청명한 정신의 물이 오른다.

생육하고 번성하여 충만하라고
일찍이 황금시대를 예고한대로
태양은 어둠을 빨래한다.

태양이 구름 사이로 얼굴을 내밀 때
선상에 부서지는 축복의 정신
만국기도 하늘 가득히 질주한다.

출항하는 강철선이 바다를 뚫을 때

불 머금은 바다는 고스란히 받아들이고
꽃피고 열매 맺는 아침의 나라에
뱃고동 소리도 원시처럼 운다.

한반도는 거대한 조선소
새 역사의 출항을 꿈꾼다.
태평양 대서양 인도양으로
바다로 육지로 하늘로
섭리역사의 출항을 선포한다.

시원스럽게 나아가리라.
출항의 고동소리에 앞서서
위대한 출항을 예고하고 있다.

출항의 시동을 거는 날
거대한 배는 떠나리라.
우렁찬 숨결로
역사를 빨래하며 떠나리라.

피로 얼룩진 반만년의 역사
오랜 고난의 빨래를 통하여

한반도는 다시 새롭게 태어나리라.

이 나라 노인들은 환상을 보고
이 나라 아이들은 꿈을 꾸리라.
이 나라 젊은이는 잠을 털고 일어나
심정의 인연을 찾아
가슴 깊은 곳에 징소리 울리리라.

흘러가는 물에 떠내려가는
썩은 고래가 되지 말고
폭포를 타고 솟아오르는
피라미가 되라고 징을 치리라.

징소리가 심장을 울리는 대로
목화꽃 다시 피는 그날이 오면
이 강산 목화밭에서 목놓아 울리라.
목화의 계절엔 뿌리로 만나서
흰 구름 같은 솜뭉치로 피어나리라.

31. 적조현상赤潮現象 2

 충무로忠武路의 인도와 차도.
 벽돌을 집어던지는 자, 사제 최루탄을 던지는 자, 쇠파이프를 휘두르는 자, 각목으로 후려치는 자, 낫을 들고 위협하는 자, 죽창으로 찔러대는 자, 망치와 톱으로까지 플랑크톤을 번식시키면서 적조의 바다는 순식간에 붉은 피바다가 되고 말았다.

 사제 최루탄이 퍼뜨리는 영장염류
 조선낫이 발산하는 쓴물이 퍼지면서
 전경의 코뼈가 부러지고
 전경의 눈에서는 피가 흐르고
 경찰차가 불붙어 타고 뒤집혔다.

 바다는 피투성이, 적조가 죽음으로 내몰고 있었다. 전경이 시위대에 둘러싸여 매를 맞는 광경을 외국인이 사진을 짤깍 찍었다. 대한민국 경찰이 어쩌다가 핫바지가 되었느냐? 뭐 잘못한 게 있느냐? 왜 자신이 없어졌느냐? 모택동에 밀리는 장개석처럼 왜 자꾸 밀리기만 하느냐? 불법폭력을 진압하다 불상사가 생기면 경찰총수를 옷 벗기는 나라 우리나라 좋은 나라? 불법이 많아지면 합법이 되는 나라, 우리나라 좋은 나라? 민주주의 선진국 우리나라 좋은 나라? 충무로를 무법천지로 만들던 FTA반대시위를 바라보시는 충무공께서는 무슨 생각을 하고 계실까? 단기 4345년(서기 2012년)이 가기 전에 답장을 주시기 바랍니다.

32. 적조현상赤潮現象 3

인천시에 위치한 맥아더 장군의 동상.
해머를 든 자, 망치를 든 자, 쇠파이프를 든 자, 각목을 든 자들이 의기양양하게 돌진해 들어오는 것을 참전용사들이 기죽이고 있었다. 6·25 때 전우는 죽고, 살아있는 게 욕되다고 생각하는 용사들의 기개 앞에서는 그때 태어나지도 않았던 젖비린내들이 어찌 돌파할 수 있겠는가.

반미反美 친북親北 구호가 유행병처럼 번졌었다. 전교조는 어린이들의 건강한 상식을 불태워버렸다. 세상이 하수상하여 껍데기만 남은 종교, 천박하고 지저분한 정치, 상업주의에 빠진 채 눈치만 살아서 대중에 영합하는 언론, 시대의 걸림돌이 되고 있는 철밥통 관료, 인간성을 잃어가는 교육, 사랑이 없는 가정이 적조에 휩쓸려 가면서 시나브로 황폐화되고 있다.

법은 허수아비, 참새들은 더러 반응을 하지만, 까마귀쯤 되면 그 허수아비를 타고 앉아서 합법을 가장한다. 붉은 신호등 앞을 걸어가는 사람이 많아지면 불법도 합법이 되는 세상, 대한민국은 허수아비 위에 까마귀가 군림하고 있다. 힘이 센 까마귀, 돈이 많은 까마귀들이 예쁜 여자를 먹고도, 군력을 먹고도, 파리 채어먹은 두꺼비처럼 입을 다물고 있으면 아무도 손을 대지 못하는 나라, 돈 있고 힘 있으면 양귀비도 크레오파트라도 마음대로 먹는 나라 우리나라 좋은 나라.

 공짜 점심, 공짜 교육, 공짜 의료, 공짜 보육, 공짜 복지의 선심성 공세의 달콤한 약속으로 국민의 환심을 사려는 까마귀들이 무덤을 파고 있다. 무덤의 송장을 뜯어먹고 있다. 더러는 덫에 치이기도 하고, 더러는 감방에 갇히기도 하지만 허황된 사기로 국민을 우롱하는 까마귀들이 썩은 무덤을 벗어나지 못한다. 썩은 송장 좋아하는 족속은 까마귀와 여우들, 서로 먹겠다고 뼈다귀를 물고는 여의도로 종로로 서초동으로 내달린다. 뼈다귀를 서로 빼앗고 빼앗기면서 내달린다. 무서운 아이와 무서워하는 아이가 내달린다. 13인의 아이가 내달린다.

 적조에는 황토 흙을 뿌려라. 황토 흙을 뿌리면 바다가 살고 나라가 사느니라. 황토 흙은 민초들의 정신, 황토 흙은 의병들의 정신, 황토 흙은 향토애의 정신, 황토 흙은 반골의 정신, 황토 흙은 화해의 정신, 황토 흙은 해원의 정신, 황토 흙은 대동의 정신이다. 대동단결을 꿈꾸는 애향의 정신은 황토밭의 반고구마 푸짐하게 삶아서 소달구지에 싣고 아랫목 온돌 덥힐 수 있도록 회문산으로 방구들 돌 뜨러 가는 초가고향의 훈훈한 농군의 정신이다. 어제는 적조에 난감했지만, 오늘은 황토를 뿌리자. 일만 의총 혼령들 앞에서 우리네 황토黃土를 뿌리자.

33. 동해풍경 3

눈물의 씨앗들
난류와 한류로 만나서
한 몸이 되어 어울리다가
두 몸 세 몸으로 나누어지다가
까무러치고 기절하기를
되풀이하는 일상……

곡선의 시야 꿈틀꿈틀
껴안아보고 입 맞추고
하늘과 바다가 수평선을 긋고
그 사이에서 속삭이는 밀어
죽다가 깨어나는 이야기가 끝이 없다.

하루를 천년같이
미끄러지는 도마뱀 떼들
치달리다가 어스러지는
백마 떼 물비늘
뱃전에 부서지는 은유와 상징들
에로스의 씨톨들이 내달리고 있다.

34. 충무공이순신전상서

동서남북 사방팔방 노리는 자들 많은데,
대한민국은 군기가 빠져있습니다.

대한민국 경찰은 기가 없습니다.
시위대에게 얻어맞기 일쑤이고
이리 저리 끌려 다니는 등
보기도 민망할 따름입니다.

집을 지킬 줄 모르는 개가
주인을 무는가 하면,
도둑에게 꼬리치며 아양을 떤다면
장군께서는 어찌 하시겠습니까?

포청천 하나 없는 나라
오, 우리나라 대한만국
집도 지키지 않은 채
주인에게 짖어대고
도둑이 갈비를 던져 주었다고
주인에 짖고, 도둑에 꼬리치는
개를 어찌해야 합니까?

이 나라 개들을 어찌해야 합니까?

35. 바다 울음

양심의 나침반이 가리키는 대로
하늘을 향하여 송영하는 바다가
통곡을 쏟아내고 있었느니라.

들개처럼 늑대처럼
허공을 물어뜯으며
목쉰 소리로 울어대고 있었느니라.

1945년 8월 26일
생체실험으로 악명 높은 일본군 731부대가
패전 후 부산항을 떠날 때,
조선인 강제징용자 수천 명이
부산항으로 귀국하려다
현해탄에서 수장되었느니라.

같은 날 같은 시각에
침략자들은 안전하게 도주하는데,
피해국민은 귀국하다 수장되는
역사의 반어법에 바다가 통곡하였느니라.

동해 바다가

들개처럼, 늑대처럼
허공을 물어뜯으며
어둠을 갈기갈기 찢어발기고 있었느니라.

36. 바다 진혼곡

현해탄이 바라보이는
부산 유엔기념공원에서
진혼 나팔소리 울려 퍼지고 있었다.

백발 노병들은
60년 전에 전사한
전우들의 영령 앞에 머리를 숙였다.

광복군이 싸울 수 있었다면
대한민국 임시정부가
광복군 자격으로 귀국했다면,
조국이 분단되지 않았으리라.

영혼이 없는 인류
넋이 빠진 겨레는
나침반 없는 배와도 갔다고
트럼펫도 요란하게 울고 있었다.

37. 진수식 풍경

육지에서 바다로, 하늘 우러러
만국기 휘날리며 달려 나간다.

질곡의 어둠을 불사르고
오탁의 뼈들도 불사르고
신선한 정열과 신명으로
바다 가득히 하늘 가득히
만국기 휘날리며 달려 나간다.

우륵이 가야금을 울리는 가운데
솔거가 새들을 불러들이는 가운데
장보고와 이순신이 너울너울 춤을 춘다.

하늘과 바다 사이에 피어오르는
뭉게구름을 배경으로
거대한 배가 미끄러져 나가자
갈매기가 날면서 끼륵끼륵 송신을 한다.

38. 출항의 기도

비나이다 비나이다
하느님께 비나이다

태산 같은 파도라도
영험하게 물리치고
백척간두의 고난도
씻은듯이 물리치고
남태평양 북대서양
나가기를 비나이다

우리나라 경제위기
거뜬하게 넘어서고
우리나라 혼을살려
선진조국 창건하세
홍익인간 이화세계
건국이념 펼쳐보세

끝이없는 외세침략
의병들이 물리치고
벌떼 같은 왜적들은
충무공이 물리치듯

후손들의 밝은미래
우리들이 열어주세

비나이다 비나이다
천지신명 비나이다
모두모두 무사하게
하나님께 비나이다
세계인류 평화위해
천주님께 비나이다.

39. 죽피 처방

대나무 껍질이
약탕관에 들어가서 펄펄 끓게 되면
신경이 안정되어
세상이 건강을 회복하게 된다.

세상이 아무리 어둡다 해도
세상이 아무리 널뛰듯 해도
놀라거나 실망하지 말지어다.

약탕에 죽피가 들어가면
오르던 열도 내려가고
답답한 가슴도 진정되나니
빈 마음으로 푸른 소리를 들으라.

죽피竹皮 지실枳實 반하半夏
복령茯苓 진피陳皮 황련黃連

나라의 열을 내리고
사회의 담을 없애며
답답한 감정을 제거하느니라.

신문을 보다가 방송을 듣다가
놀라거나 잠을 자지 못하고
먹은 것을 토해내야 하는 부정축재,
구토를 멎게 해야 하느니라.

40. 辛夕汀 詩人說

조선소造船所 소식을 기뻐하기에 앞서서
진수식進水式에 들어갈 새로 지은 배의
어려운 한 고비가 저으기 걱정되었다.

황군은 시의 조선소에서
한눈도 팔 사이 없이 땀을 흘리며
분주히 못을 다지고 있었다.

황군이 건조한 배가
얼마만한 배인지 나는 모른다.
못질을 하던 그 목선에
몇 마력짜리 기관을 붙일지도 모른다.

문제는 그 배가
크고 작은데 있는 것이 아니오
목선木船이냐 강선鋼船이냐에 있는 것도 아니오
진수식을 무사히 마친 뒤에
거센 파도를 헤치고
먼 항해에 견딜 수 있으면 그만이다.

진수식을 하기에도 오늘의 파도는 거칠고

항해를 하기에도 자못 파도는 높다.

어찌 조선소의 목수의 노력에만 비기겠는가.
이 험난한 시의 조선소의 목수가 되고
진수식을 마치고 항해할 바에는
산 같은 파도를 물리치고
시도詩道에 한 눈 파는 일 없이
전진할 용기와 의지가 있어야 하리라.

41. 鄭貴永 評說

높고 곧은 이념의 푯대 끝에
진지한 추구의 노력이 조선소에 형태화했다.

묵묵히 이념의 푯대를 바라보는 동안에
조선소의 바다는 이념화되었고 생활화되었다.

높은 이념의 소유자요 충실한 언어의 직공은
생명의 의욕이 바다로 넘치면서
표현의 예술을 찾아내었다.

생명의 의욕과 함께 언어예술의 맥박이
중량급 의미를 담은 복합적 이미지의 그래프
소금은 생명과 노력의 결정체
무한한 바다의 입방체……

바다로 향하는 의욕이
땀에 밴 수건을 하늘에 걸고
완성의 못질을 하는
위대한 생활生活 건조建造의 공상이다.

심장이 바다와 함께 뛰는

건조자建造者의 치열한 의지다.
이 건조자의 의지가
항구를 뚫고 달리는 바다가 되어
신神의 찬란한 허릿짓으로 승화하면서
어둠과 무덤을 극복한다.

42. 연어

 산란을 서두르던 연어가, 산란을 위해 상류로 거슬러 오르던 연어가 시멘트 턱을 넘지 못하고 옆으로 튕겨지고 떨어져 죽었다. 지느러미로, 꼬리로 시멘트를 치며 파닥이다가 몸을 바르르 떨면서 생을 마쳤다. 한 마리가 죽기가 무섭게 다음 또 한 마리가 눈을 감지 못한 채 아가미를 움직여보다가 죽게 되자, 또 다른 연어가 자살을 흉내 내기라도 하는 듯이 애처롭게도 나가 떨어져 죽는다. 태평양 바다를 누비며 행복의 꿈에 부풀어 돌아온 고향에서 산란도 하지 못한 채 최후를 마친 연어는 한둘이 아니다. 이름 좋은 대한민국에서 휴지처럼 버려지고 썩어간 목숨이 한 둘이 아니라고 허공으로 연신 뻐끔거린다.

 숭례문이 불에 타 죽던 날 최저생계비로 연명하던 상해 임시정부 지도자의 유일한 혈손이 병원 문턱을 넘지 못한 채 숨을 거두고 말았다. 중국 대륙, 만주 대륙을 누비며 일본군과 맞서서 싸우던 독립투사가 씨를 퍼뜨리지 못한 채 생을 마감했다. 반 지하에서 옥탑방으로, 다시 반 지하로 옮겨 다니며 남루한 생을 연명하던 애국지사 무덤도 행방불명인데, 혈육의 무덤을 찾아 북만주를 누비던 유일한 후손도 병원 문턱을 넘지 못한 채 최후를 마치고 말았다. 대한민국은 고향 찾는 연어의 수난 중. 가난의 턱을 넘지 못한 채 쪽방촌에서 불에 타죽은 일일 품팔이 노동자 중국동포들도 까만 숯덩이가 된 채 산란을 멈추었다.

43. 바다 인터뷰

단기 4342년 5월 19일
물구나무 선 지도를 배경으로
인터뷰가 시작되었다.

그룹의 김회장은 말하기를
세계 인구는 65억여 명
곧 80억, 100억 명의 시대가 오는데.
육지만으로 식량이 부족하니
식량의 부족을 바다에서 해결해야 한다고.

대한민국 호가 가야할
물구나무 선 지도를 보면
배는 중국을 발판으로 향하되
태평양 전체를 응시하는 모양을 하고 있다고

아무리 큰 배라 할지라도
태풍 속에서 나사 하나 고장 나면
끝장난다는 얘기는
바다 경영의 길잡이가 되고 있다고

44. 독도獨島

신비의 베일을 벗고
안개 속을 응시하는 극동極東의 잠망경潛望鏡
이른 아침부터 수평선을 살피고 있다.

자기네 섬이라고 우기는 놈들
호시탐탐 노리는 놈들을
살피고 몰아내고 지켜오는 신,
마지막 보루를 지키는 수호신이다.

뿌리는 해저海底에 뻗고
줄기는 하늘로 생각이 많은 잠세어潛勢語
암유暗喩를 넌지시 내비치고 있다.

외로워도 외롭지 않고
고독해도 고독하지 않는
골체미骨體美의 대장부
호연지기 조선의 날선비
단단한 현무암에 뿌리 뻗은 채
하늘과 바다와 함께 동고동락한다.

때로는 구름에 휩싸인 채

수풀을 헤쳐 가는 역사의 척후병
두 눈을 부릅뜬 채 침략자를 직시한다.

아득한 반만년 전
파미르고원에서 천산산맥 줄기를 따라
해 돋는 동녘으로 지국총 지국총
신시神市의 때로부터 오늘날까지
굴광성식물처럼 뻗어 나왔느니라.

내가 누구인지 돌아보게 하고
어떻게 살아야 하는지 깨닫게 하는
백의 겨레의 향도자
뿌리를 찾아 지키라고 말하고 있다.

나라의 생일도 찾지 않는 백성들아
어째서 건국 60년이란 말이냐?
정부수립 60년에, 건국 4342년이라고
정부도 언론도 교육도 제대로 말을 못하고
생일도 모르는 아비 없는 고아들아
네가 어디서 왔으며, 네가 어디에 있느냐?

화산이 터지던 날부터
현무암 안산암으로 뭉쳐진 정열 덩어리
이성의 암석 속에 감성이 살아있다.

한반도에서 뻗어나간 마지막 뿌리가
뿌리의 정신으로 포효하고 있다.
안개 낀 수평선을 향하여
이 나라 탄생이 반만년이라고
유구한 반만년 역사를 훼손하지 말라고
들개처럼 목이 쇠도록 울부짖고 있다.

45. 바다의 날

단기 4342년 5월 31에는
상상력을 바다로 쏠리게 하였느니라.

무한한 상상의 바다에 꿈을 펼치면
청운의 꿈은 만선으로 다가오더이다.

넓고 넓은 바다에
창조의 상상을 하게 되면
바다 위에서 땅도 만들 수 있느니라.

바다의 날에는
바다 푸른 빛깔을 닮은
청춘의 오전을 노래하며
참된 사랑을 주고받기로 하자.

굶주리는 이들을 속수무책으로
버려두는 아프리카를 지나서
젊은 바다를 개간하여
만선의 꿈을 펼치기로 하자.

46. 6월의 바다

노을이 물드는 바다에서
찢겨진 국방색 전투복들이
피를 흘리며 어깨 짜고 간다.

푸른 무덤들 굼실굼실
어깨와 어깨끼리 서로 짜고
비틀거리면서 출렁거리면서
조의를 표하는 트럼펫 소리 뒤로한 채
전우의 시체를 넘고 넘는다.

보훈의 달, 6월 바다는
나라 위해 목숨 바친 영령들에게
거수경례를 하고
열병분열식을 하는 파도!

순국선열들의 높은 뜻을 기리며
숙연한 마음으로 묵념을 올리는 바다
피투성이 국방색 전투복들이
갈기갈기 찢겨진 채 전진하고 있다.

노을이 물드는 바다 물결

순간순간 피를 뿌리며 소리치고 있다.

호국영령과 순국선열들의 뜻을 기리기 위해
거수경례를 하고 묵념을 올리고
주먹밥 한 덩이 먹기로 하잔다.

엄동설한에 땡땡 언 주먹밥 한 덩이
나이어린 학도병들에게 주기 위해
민간인들이 고지高地까지 날라다 준
주먹밥을 먹으면서 목숨들을 생각하자.

유태인들이 유월절에 무교병을 먹듯이
우리들은 유월에 주먹밥을 먹기로 하자.

눈보라치는 엄동설한
땡땡 언 주먹밥을 삼키면서
이 나라를 지켜낸 목숨들,
찢겨진 국방색 전투복들
어깨동무하고 가는 바다 물결들
자살을 모르던 목숨들을 생각하자.

국군묘지에서
하얗게 줄지어선 푯말들
국방색 전투복 전투대형으로 달려가는
바다 푸른 물결을 바라보자.

47. 전갈 1

포항 바다에서 기어오른 남파간첩처럼
집게로 물고, 찌름 장치로 찌르는 데에 이골이 났다.

총신에 꽂은 대검처럼
다리 끝에는 두 쌍의 발톱이 날카롭고,
찌름장치 기부에는
맹독성을 분비하는 독선이 무서웠다.

주로 곤충을 잡아먹으며
야행성夜行性으로 나무나 돌 밑,
구멍 속에 숨어 지내다가
밤에 활동하는 양태도 오랑캐를 닮았다.

6·25 때는 물고 찌르고 말살하더니
요즈음은 맹독성 핵을 모으는 중이다.

여의도의 전갈들은
어떻게 해석해야 하나.
쇠망치에 쇠톱에 멱살잡이에 단상점거에
물고 찌르는 것밖에 모르는
인간 전갈들을 어떻게 해석해야 하나?

대한민국호가 항해하지 못하도록
사사건건 발목 잡고
물고 찌르는데 이골이 난 전갈들
황사 빛깔의 언어 독의 해독제는 없는가?

6·25 때
북치고 피리 불며 압록강을 건너온
피비린내 풍기던 중공군 무리처럼
이 강토 짓밟는 인산인해 人山人海
거품의 독성은 꺼져야 하느니라.

48. 전갈 2

아무리 따뜻이 대해주어도
물기만 하고, 찌르기만 한다.

아무리 쌀을 주고, 비료를 주고
아무리 석유를 주고 구공탄을 주고
아무리, 농기구를 주고, 의료시설을 주어도
언제나 변함없이 물기만 하고, 찌르기만 한다.

은혜를 원수로 갚고
사랑을 미움으로 갚는
한반도의 전갈은 마모된 나사
아무리 돌려도 잠기지도 풀리지도 않는다.

49. 마음 넓히기

그윽한 눈으로
하늘을 보고 바다를 보자.

애천愛天의 눈으로 하늘을 보고
애인愛人의 눈으로 바다를 보자.

새벽마다
맑은 물을 길어 오시는 어머니처럼
투명한 하늘을 머리에 이고
시냇물을 사모하는 어린양 같이
하늘나라 말씀의 풀을 뜯자.

저녁이면
가슴을 열고 젖을 물리는 어머니처럼
깊은 바다를 가슴에 열고
대불大佛처럼 미소 짓는 웃음꽃으로
하늘을 보고 바다를 보자.

마음을 넓히기 위하여
그윽한 눈으로 세상을 보되
하늘같이 바다같이 바라보기로 하자.

50. 은유의 바다

바다 은유는 해변문답
소라 바람소리 그리움을 배었다.

조약돌이 쓸려 내리는 소리와
일렁이는 파도 소리,
뱃전에 부서지는 물결이
이리저리 튀기면서 어감을 만들고
그 속에서 은유가 물고기처럼
반짝반짝 빛을 내뿜고 있었다.

푸른 바다 빛깔을 배경으로
구비 도는 자전거 길을
나란히 가는 시인과 집배원
해변을 거닐면서 건져 올리는 은유
만선으로 가득한 은유를 뿌렸다.

필립 누아레는 파블로 네루다
마리오는 우편배달부
두 만남의 바다는
한 몸 이룬 느낌표로 은유를 살렸다.

51. 절정의 바다

해를 따먹은 갈매기들이
밝고 명랑하게
하늘을 모시고 살아가듯이,
바다 물비늘 건반 위를
파도가 연주하며 가고 있었다.

율동의 귀재 수평선에
순간과 영원에 정사情死하는 음표音標는
죽었다 깨어나기를 수억 년
산짐승처럼 물어뜯으며 울었다.

백마白馬 떼가 몰려오는
파도 어깨와 허리의 물비늘
머리 풀어 헹구다가, 문득 일어서는
여신女神의 허릿짓은 찬란했다.

52. 민들레 바다

소금이 바다를 건강하게 하듯
민들레가 세상을 건강하게 한다.

수평선 같은 지평선에
끝없이 펼쳐진 녹색 바다에
하얗게 일어나 만세를 부르는
꽃자루 끝의 새하얀 관모들,
초록 바다 씨앗 거품이 바람에 날린다.

민들레 뿌리의 정신은
발한發汗이나 강장强壯의 약재로 쓰이는
금잠초金簪草 포공영浦公英이라 했다.

민들레 뿌리는
유종乳腫 결핵結核, 발한發汗 강장强壯,
젖샘에 염증이 생겨 젖이 곪는 종기라든지
결핵균의 기생으로 국부에 맺히는 덩이라든지
병을 다스리기 위하여 땀을 내는 취한取汗
심신心身이 튼튼하고 기력氣力을 돕는
신묘神妙하고 영험靈驗한 성분이 있어
약탕관에서 혼융渾融의 정신으로 끓는다.

포공영은 열을 없애고 해독을 했다.
부기를 갈아 앉히고, 맺힘을 풀었다.
소변도 잘 나오게 하려고,
유옹 패옹 장옹 황달 인후통을 치료하려고
금은화 적작약 연교로 부기를 다스린다.

53. 질경이 바다

손바닥보다도 작은 잎이
바다보다도 넓은 꿈을 꾼다.

끈질긴 뿌리와 잎몸은 강철 같아서
절대로 죽는 법이 없다.
스스로 죽는 법은 더욱 없다.

아무리 견디기 힘들어도
때로는 달구지 바퀴에 깔릴지라도
절대로 죽는 법이 없다.

그는 강철 같은 책임감에 죽을 수가 없다.
길가나 빈터, 인가 주변에서
뿌리에서 모여나 비스듬히 퍼지는 잎은
밑에서부터 넓어져 서로 감싼다.

흐린 눈을 가진 사람이라든지
충혈된 눈을 가진 사람,
소변이 시원치 않은 사람,
설사가 극심한 사람,
간의 열로 눈이 아픈 사람은

배부장이 씨를 말린 차전자車前子를 들어라.

목통木通 활석滑石 백출白朮 저령猪苓
국화菊花 황금黃芩 백복령白茯苓 결명자決明子

바다보다도 푸른 꿈을 꾸는
약탕관이 해일처럼 끓고 있다.
약탕관이 심장처럼 뛰고 있다.
가정과 사회와 국가와 세계,
앓고 있는 꽃들을 피어나게 하고 있다.

54. 이순신 장군의 바다

바다에 귀를 기울이면
이순신 장군의 숨소리 들려온다.
넘실대는 물속에서
소리치는 총통소리, 아우성 소리
수장되는 왜선에서
자맥질하다 가라앉는 형체도 보인다.

땅에 귀를 대면
억울한 한숨소리도 들려온다.
원균의 모함으로
서울로 압송되어 투옥되었을 때
주리 틀고, 인두로 살을 지질 때
살이 타는 냄새가 코를 찌른다.

그래도 원망하지 않았고
백의종군하여 싸워 승리했다.

하늘이 점지한 인물은
좌수영에 부임하자
난국의 위난을 예견하고
거북선 제작에 착수하여

임진왜란이 일어나자
옥포玉浦에서 적선 30척을 격파하였다.

사천泗川에서는 거북선으로
적선 13척을 분쇄하고,
당포唐浦에서는 20척을 분쇄하고,
당항포唐項浦에서는 백여척을 격파하여
자헌대부에 승품陞品되었다.

한산도에서는
적선 70척을 격파하고,
안골포安骨浦에서는 적선 42척을,
부산에서는 백여 척을 격파하고
다시 부산과 웅천에서
적의 수군과 유군을 괴멸시켜
남해안 일대 적군을 완전 소탕하고
삼도수군통제사三道水軍統制使가 되었다.

해적을 완전히 소탕하고
해상권을 장악한
신라의 장보고 장군 해상로에

조선의 명장 이순신 장군이
삼도수군통제사에 재임명되어
12척의 함선과 빈약한 병력으로
133척의 왜적선과 대결하여
31척을 무찔렀으니,
세계 전사戰史에 전무후무前無後無한 일이로다.

그러나, 오오 통재로다!
눈을 씻고 보아도 그런 인물이 없도다.
충성심이 강하고 전략이 뛰어난 지략으로
전투마다 승리하고 적의 기세를 꺾어
바다를 장악했으며
전라도 곡창지대를 방어하여
군량미 확보에 만전을 기하여
국가의 위난을 막아낸 인물이
어디에 또 있을 것인가?

바다에 귀를 기울이면
이순신 장군의 숨소리 들려온다.

55. 바다 운동회

잔잔할 때는
푸른 유니폼, 하얀 유니폼을 입은
여고생들의 체조시간
부드러운 파도타기 매스게임이 한창이다.

풍랑이 일 때는
백마 떼들의 경마장
우렁찬 함성과 함께
소금 먼지를 일으키면서
물비늘 찬란히 무섭게 질주한다.

도마뱀 떼들 지그재그로
끝없는 되풀이로 살아나는 바다는
죽었다 깨어나는 성애의 시원始原
방파제를 물어뜯으며
대자연의 도서圖書들을 집어 삼킨다.

바다는 광의廣義의 도서관
산적한 채석강의 책무더기들
죽고 살고 읽겠다고
온몸 부딪쳐 통독通讀하는가

神의 창조를 몸짓하는
청소년들의 운동회가 한창이다.

56. 임진년의 바다

바다도 붕당朋黨 싸움에 진노하였다.
흙 다시 만져보자
바닷물도 춤을 춘다는
그 감격스런 민초들의 파도는
기치창검旗幟槍劍으로 일어섰다.

빈번한 왜구倭寇의 침략에도
지배계급은 붕당으로
정치와 사회는 해이하여지고
문약文弱에 빠져들었다.

이이李珥는 10만 양병養兵을 주장하여
국방의 중요성을 역설하였으나
오히려 배척을 당하였다.

왜나라
도요토미 거동이 심상치 않자
선조는 통신사를 일본에 파견하였다.

일본의
조선 침략의 낌새를 알았으나

사신들의 보고는 일치하지 않았다.

황윤길 통신사는
반드시 병화兵禍가 있을 것이라 하고
김성일 부사는 이와 반대로
그러한 정상이 없다고 하였다.

조신들 간에는
의견이 분분하였으나
동인의 우세와
안일을 바라는 요행심의 팽배로
김무성의 의견을 따르는 게 흉조였다.

일본의 침략 계획은 무르익어
무예武藝뿐만 아니라
축성술築城術에 해운술海運術을 정비하고
조총鳥銃의 대량생산을 감행하는데,
조선은 집안싸움에 날 새는 줄 몰랐다.

420년 세월이 강물처럼 흘러간
2012년 바다는 안녕하신가?

일본은 독도를 노리고
중국은 이어도를 노리고
북한은 핵무기로 위협하고
러시아도 훈수를 두겠다고 하는데
당파 싸움이 날새는 줄 모른다.

정치 경제는 싸가지 없이 부패하고
욕심으로 죄를 잉태하여 새끼 쳤다.
교육 언론은 무관심의 죄를 범하고
혀가 꼬부라진 채 횡보橫步하고 있었다.

보수는 무능하고 진보는 삐딱했다.
사팔뜨기 사시로 흘겨보는 눈
생쥐들은 볏섬을 썰어대고
고양이들은 생선을 독식했다.

종교라는
마지막 보루가 무너지면서
권사들은 옷 로비사건에 걸려들고
장로들은 돈 상자에 걸려들었다.

벼슬아치들은 줄줄이 끌려갔다가도

국경일엔 줄줄이 풀려났다.
무전유죄 유전무죄는 변함없고
죽을 때는 빽 하고 죽는다.

능금 상자는 돈상자로 바뀌고
빨래는 돈세탁으로 바뀌었다.

배부른 스님들
염불은 녹음기 틀어놓고
화투판 도박놀음에 정신이 없다.

종교가 짠맛을 잃었다고
바다의 소금들이 아우성을 쳐도
바다 소금물이 일어나 땡중을 나무라도
불타는 소돔성 앞에서 뒤를 돌아보았다.

면벽 좌선으로
천리 밖을 내다볼 줄 모르고
화로를 끌어안은 채
고구마를 구워먹을 것인가
콩을 볶아먹을 것인가 궁리하느냐고
바다 소금물이 나무라고 있었다.

57. 몸에 대하여

내가 부린 배가 70년이 되었다.

강판은 녹이 슬고
바닥은 물이 새어 수리중이다.

동맥경화에 허리 디스크에
치질이 심할 때는
변기에 피가 흥건하다.

언젠가 피안에 닿으면 버려야할 때
적재량이 넘는 과적을 싣고
험산준령 인생길을 겁없이 넘어왔다.

글을 쓰기 시작한 지는 50년
문단에 데뷔한 지는 40년
시가 좋아서 동고동락했지만
가랑잎 흩어지듯이 허전하다.

58. 조시 弔詩
- 단기 4344년에 -

죽어 썩어가는 고래들
지독한 냄새를 풍기는 고래들이
볼썽사납게 떠내려가는데 어찌합니까.

염불에는 관심이 없고
잿밥에만 눈이 벌건 고래들이
끼리끼리 나눠먹다가
썩은 물에 떠내려가는데 어찌합니까.

북한인권법은 서랍에서 잠들고
나눠 먹기식 정치자금법은
쌍수를 들어 대환영인 데다가

끔찍한 인권유린에도
눈감다가 눈이 먼 채
한 푼도 내지 않고 연금 타먹는
국민 세금 쌀벌레, 좀벌레……

쥐약 먹고 죽어간 생쥐들
금배지에 눌려 죽은 말종 고래들이
하류로 떠내려가는데 이를 어찌합니까.

59. 뛰어야 벼룩

인공위성에서 내려다보면
한반도 아이들이 달려가는 게 보인다.
붉은 옷 푸른 옷을 입은 아이들이
벼룩처럼 팔딱팔딱 달려가는 게 보인다.

그러나 아무리 달려도
北核의 사정거리를 벗어날 수는 없다.
그래서,
푸른 유니폼의 아이도 무섭다 하고
붉은 유니폼을 입은 아이도 무섭다고 한다.

아무리 달려도 소용이 없는 한반도
아무리 달려도 제자리 뱅뱅 돌 뿐
달리거나 말거나 마찬가지이므로
벼룩처럼 뛰는 아이들이 무섭다고 한다.

무서운 아이와 무서워하는 아이들이
결국은 뛰어봤자 벼룩이라고 말한다.
과적한 신발이 닳아지면 버려져서
항구 없는 배처럼 떠내려간다고 말한다.

한·미의 악수, 태극기와 성조기의 유니폼과
북·중의 악수, 두 붉은 기의 유니폼 아이들이
무서워해하며 달리면서
뛰어보았자 벼룩이라고 말한다.

60. 조선소의 바다

투명한 하늘을 배경으로
짙푸른 바다를 배경으로
누운 자세에서 앉은 자세로
드디어 걷는 자세에서 나는 자세로
완성을 향해 이어가는 용접의 불꽃
드높은 이념의 푯대 끝에
안테나도 높이 달고
찬란한 진수식을 마치면
출항 출항, 고동을 울리며 나아가게 된다.

출항할 때는
절정의 순간처럼
인체 세포마다 알전등이 켜지듯
한반도도 전 세계도 웃음꽃이 피리라.

비둘기는 하늘을 날고
갈매기는 바다를 날고
사슴들은 숲속을 달리는
자유와 평화의 신천지를 구가하리라.

출항, 출항! 고동소리 울리며

태평양에서 대서양으로 인도양으로
남빙양에서 북빙양으로
오대양 육대주로 사통팔달 종횡무진
그물에 걸리지 않는 바람처럼
태극기 휘날리며 당당하게
눈치 보거나 아첨 떠는 일 없이
물길 가르며 신명나게 나아가리라.

작품해설 黃松文 長詩集 『조선소의 바다』

민족혼과 창생蒼生의 바다를 항행하는 신화, 詩의 배

이 경 철
문학평론가

시업詩業 반세기 순정과 역량으로 완성한 오늘의 우리 신화

황송문 시인의 신작 장시집 『조선소의 바다』는 우주 창생의 신화이다. 우주 삼라만상과 인간이 건강한 노동으로 함께 어우러지는 활물론적 세계이다. 그런 빛과 환희의 신화시대를 만고불변 살아 숨 쉬고 뒤척이며 만물과 관계하는 바다와 조선造船의 건강한 땀의 노동 이미지로 다시 역동적으로 열어가고 있다.

대체 신화란 무엇이고 지금 우리에게 어떤 이야기인가. 신들의 이야기가 아니라 우리 기억 속에 깊이 새겨져 내려온 우주만물과 하나 되어 살았던 태초의 우리네 이야기 아니겠는가. 우리가 살아온 족적뿐 아니라 느낌과 소망까지 그대로 담긴 생생한 이야기. 하여 오늘도 우리들을 감동시키며 여전히 되풀이되는 일과 느낌이 곧 신화 아니겠는가.

신이 흙과 물과 바람과 불로 빚고 구워서 자신의 혼을 불어넣어 인간을 만들었다고 신화들은 전하고 있다. 그렇게 창조된 인간이 지고지순至高至純한 마음을 빚고 혼을 불어 넣어 흠잡을 데 없는 무오류성無誤謬性의 신을 만들어내고 있다고 신화학자들은 전하고 있다.

황송문 시인은 『조선소의 바다』에서 그런 오염되지 않은 태초의 마음으로 태초의 물질들을 빚어 배를 만들어 오늘의 신화의 바다에 띄우고 있다. 뿔뿔이 흩어져 외롭고 이전투구泥田鬪狗로 혼탁하고 불안한 말세, 묵시록적 세상이 신화시대처럼 밝은 빛과 넘치는 환희를 회복하기 바라며 시詩의 배를 오늘 민족의 삶의 바다에 띄우고 있다.

>투명한 하늘을 배경으로
>짙푸른 바다를 배경으로
>누운 자세에서 앉은 자세로
>드디어 걷는 자세에서 나는 자세로
>완성을 향해 이어가는 용접의 불꽃
>드높은 이념의 폿대 끝에
>안테나도 높이 달고
>찬란한 진수식을 마치면
>출항 출항, 고동을 울리며 나아가게 된다.
>
>출항할 때는
>절정의 순간처럼
>인간 세포마다 알전등이 켜지듯

한반도도 전 세계도 웃음꽃이 피리라.
비둘기는 하늘을 날고
갈매기는 바다를 날고
사슴늘은 숲속을 달리는
자유와 평화의 신천지를 구가하리라.

　이번 장시집 표제작인「조선소의 바다」앞 부분이다. "누운 자세에서 앉은 자세로/ 드디어 걷는 자세에서 나는 자세로" 배가 건조돼가는 모습이 마치 천지창조 같지 않은가. "절정의 순간처럼/ 인체 세포마다 알전등이 켜지듯" 첫 출항하는 모습은 절정의 순간 한줄기 빛으로 터져 우주를 탄생시킨 빅뱅 같지 않은가.
　이렇게 신화적, 우주적으로 창조된 배는 하늘과 땅과 바다, 날짐승이며 들짐승 등 우주 삼라만상이 즐겁게 어우러져 신천지를 구가하는 오늘의 신화를 향해 출항하고 있다. 자유와 평화의 풋대 드높이 휘날리면 지금의 온누리에 그런 신화시대의 신천지를 다시 열려 힘차게 나아가고 있는 것이다.
　이 배는 또한 시인의 순정한 시업詩業 반세기가 집약돼 완성된 이 시집 자체이기도 하다. 해서 이 시의 배를 종시終詩로 맨 끝에 놓아 이번 시집을 완성했을 것이다. 시인이 1972년 펴낸 처녀시집 제목이『조선소』. "그 시집 속에 들어 있는 한 편의 시에서 떠오른 발상이 민들레처럼 새끼를 쳐서 오늘 햇빛을 보게 되었다"고 시인은 이번 시집 머리말에서 밝히고 있다.

"흰 소금을 물고 오는/ 원시의 땅 속으로/ 목수의 수건이 빨려드는 바다.// (중략) // 파도를 불러일으키는/ 신의 찬란한 허릿짓/ 알몸끼리 출렁이는/ 바다여." 처녀시집 표제작 위 부분에서처럼 "원시의 땅"과 "신의 찬란한 허릿짓"에 드러나듯 우주를 끝없이 창생하는 태고의 순정한 우주적 관능과 사랑, 땀과 열정이 어우러져 이번 장시집의 긴 고랑을 일군 것이다.

처녀시집이 나오자 스승인 신석정 시인은 이번 시집에 실린 시 「신석정 시인설說」에서 이렇게 격려했다. "어찌 조선소 목수의 노력에만 비기겠는가./ 이 험난한 시의 조선소의 목수가 되고/ 진수식을 마치고 항해할 바에는/ 산 같은 파도를 물리치고/ 시도詩道에 한 눈 파는 일 없이/ 전진할 용기와 의지가 있어야 하리라"고 격려와 함께 큰 시인으로서의 장도壯途에 경계警戒의 말도 잊지 않은 것이다.

은둔군자, 산림처사로 자연과 더불어 살며 자연시의 그윽한 경지를 연 스승의 엄한 지도와 경계에 따라 창작하고 고치며 시단에 나온 게 1971년. 그러니 줄잡아 시업 반세기 동안 시인은 스승이 전수해준 시의 도에 한 눈 판 일이 없었다.

부황된 세상과 시단에서 시로 순정한 삶과 세상을 지켜오며 시와 그 시인의 삶이 올곧게 일치한다는 평을 받고 있는 사람이 황송문 시인이다. 그래서 기존의 신작 시집 열 권을 모아 2007년 『황송문시전집』을 펴내며 머리글에서 "시는 종교요 반려자"라고 당당히 밝힐 수 있었을 것이다.

　시인은 모국어의 어감과 운율에 한국적 소재와 정한을 실어 왔다. 우리 본디 말본새로 민족 고유의 사상과 역사, 혼의 뼈대가 있는 시를 새겨왔다. 무엇보다 우주 삼라만상이 순정한 사랑으로 생생하게 어우러지는 애니미즘적인, 관능적인 창생의 신화를 열어왔다. 그러다 연어가 모천으로 회귀하듯 그 처녀시집의 첫 마음으로 돌아와 40년 만에 바다와 조선으로 우리시대 민족의 신화를 완성한 것이다.

생기 넘치는 어울림 세상 여는 애니미즘적 상상력과 문법

　　바다 가득히 해가 오신다.
　　바다 가득히 아버지가 오신다.

　　하늘 가득히 만국기를 날리며
　　역사의 산맥 줄기줄기 강물 굽이굽이
　　배가 가는대로 하늘이 다가오신다.

　　수억 수천만 톤의 햇살과
　　짠물로 바다를 건강하게 하는
　　파도를 거스르고 오시는 해님같이
　　온갖 잡놈들 거듭나게 하려고
　　　　　－「바다 가득히」 전문 －

일출의 바다로 배가 항해하며 시가 시작된다. 해마다 새해 아침 신문이나 TV가 새 희망의 원동력으로 커다랗게 보여주는 검푸르게 일렁이는 바다에 이글이글 떠오르는 해 앞을 항행하는 배 한척 그림 같다. 아니 사진이나 화면으론 보여줄 수 없는 배와 우주의 애니미즘적 활력이 넘쳐나는 시이다.

위 시에서 '바다', '해', '아버지', '하늘', '만국기', '역사', '배', '소금' 등 모든 언어와 그것이 지칭하는 대상들은 나남 없이 하나이다. 심지어 이 시에서 부정적으로 사용된 언어 '어둠'이나 '파도'나 '온갖 잡놈'들도 '해'와 '아버지' 등과 함께 우주 가득히 하나이다. 시인과 언어와 대상이 한데 어우러져 오며 태초의 활력을 낳고 있는 것이다.

사람과 삼라만상이 우주의 일원으로 한 생명체로 보는 게 인간의 원초적 세계관이다. 이런 너와 내가 하나라는 유기적 세계관은 근대로 넘어오며 데카르트의 '코기토', 너에 대해 의심하는 '회의'가 발견돼 나와 너, 마음과 물질의 2분법이 지배하는 기계론적 세계관에 밀려나게 된다.

그럼에도 "어린이들과 시인만이 여전히 너와 나와 우주는 살아 있는 하나라는 활물론적, 애니미즘 세계에 살고 있다"고 신화학자 루이스 긴즈버그는 말한다. 그래서 시인은 태고에도 그랬고 "역사의 산맥 줄기줄기 강물 굽이굽이" 함께 내려온 우리는 해에서 태어났다고 믿는다. 밝은 민족으로 '박달'이고 '배달민족'인 우리에겐 삼라만상은 모두 살아있는 하나라는 애니미즘 세계에 시인은 실제로 살고 있는 것이다.

  그래서 시인은 머리말에서 이 시집은 "밝음을 지향한다"고 밝혔을 것이다. "불안과 공포의 전율 속에서 막다른 골목을 질주하는 무서운 아이와 무서워하는 아이들을 위해서 봄 햇살 다사로운 길, 뚫리고 열린 길로 안내하고 싶었다"며.

  시인은 지금 우리의 정세와 마음을 이상의 시「오감도」에서처럼 절망적이고 암담하게 보고 있다. 이런 묵시록적 세계에서 사람들의 염치를 알게 해 썩지 않게 하고 어둠을 태우며 다시 빛을 찾게 하기 위해 이 시집을 펴낸 것이다.

  우리네 마음과 세상이 균형을 잃고 불안과 공포에 휩싸일 때 균형을 회복하기 위해 다시 되돌아가는 곳이 태초의 신화시대 아니던가. 환고복본還古復本이라, 홍익인간弘益人間이라는 민족 본디의 마음자리, 만물의 생기 넘치는 애니미즘 세계의 상상력과 이미지, 문법으로 돌아가 그 밝음으로 본디를 밝히고 오늘의 어둠을 태우는 시집이『조선소의 바다』이다.

    하얀 소금을 물고 오는
    백마 떼 물비늘,
    용접공의 땀 속으로
    스며들고 빨려드는 바다
    완성을 향하여 건조(建造)하는 조선(造船)의 바다.

> 수건에 걸린 하늘로
> 원시와 현대가 숨을 몰아쉬면
> 맨발로 뛰는 심장이
> 어둠을 털고 일어나
> 원시의 바다와 관계하리라.

　이번 장시집을 여는 「서시序詩」 앞부분이다. 맨 앞에서 긴 시를 이끌고 가는 기관차 역할을 하기에 충분한 엔진, 심장이 장착된 부분이다. 이미지가 참신하면서도 그 운용의 스케일이 크다.
　첫 연 "조선의 바다"에서는 백마 떼같이 밀려오는 흰 파도의 바다가 용접공의 땀 속으로 스며들고 빨려든다. '소금'이란 동질성으로 인해 거대한 바다가 미세한 땀 한 방울로 스며드는 것으로 본 것은 역발상이라기보다는 원시적인, 인간 본래의 발상이다. 해가 들어와, 달이 들어와 잉태했다는 것과 같은 신화적, 애니미즘적 발상인 것이다. 둘째 연의 "수건에 걸린 하늘" 역시 마찬가지이다.
　이런 신화적 발상으로 이미지의 스케일을 우주적으로 확장하면서 시인은 하늘과 우주를 낳는 건강한 노동, 땀의 본래적 의미를 '수건' 한 장으로 인상적으로 전하고 있다. "조선의 바다"는 만물을 썩지 않게 하는 '소금'의 원형적 이미지로 하여 정화의 신화적 공간이 되면서 동시에 "용접공의 땀"으로 하여 지금 여기 노동의 현장으로 드러나게 된다.

해서 둘째 연에 와서 "조선의 바다"는 "원시와 현대가 숨을 몰아쉬"는 살아있는 시간으로 드러난다. 지금의 현재는 물론 원시까지 "맨발로 뛰는 심장"을 가진 역동적인 시간으로 살아나고 있다. 이 시와 이 시집의 엔진으로 볼 수 있는 '심장'은 배의 심장이며 바다의 심장이며 용접공의 심장이며 원시와 현대의 심장이다. 바다와 배가, 배와 인간이, 인간과 바다가, 원시와 현대가 맨몸의 원초적으로 관계하며 애니미즘의 신화적 현장을 지금 우리 시대에 낳고 있는 것이다.

이렇게 "조선造船의 바다"는 배를 건조하는 신화적 현장이면서도 '조선朝鮮의 바다', 아침 햇살이 유난히 신선하고 밝은 우리 민족혼의 바다로 이번 시집 내내 읽히게 만든다. 앞에서 간략하게 짚어본 대로 우리 본디 말본새, 애니미즘 문법으로 민족 고유의 사상과 역사, 혼의 뼈대가 있는 시인의 시세계로 인하여. 나아가 "원시의 바다와 관계하리라"는 다짐에 드러나듯 삼라만상과 나남 없이 관계하고 어우러지는 민족 고유의 애니미즘인 풍류도風流道에 뿌리 내리고 있기에.

세상 때 타지 않은 밝은 햇살과 맑은 바람과 물 등 자연과 한몸으로 살다 신선이 됐다는 단군 이래의 풍류도. 신라 최치원이 한 화랑의 비문碑文에 "우리나라에는 깊고 오묘한 도道가 있다"고 기록해 전해준 그 도. 이를 이어 받아 서정주 시인이 "우주만물이 등급 없이 어울려 통하는 우주관, 또 과거, 현재, 미래의 등급 없이 흐르는 영원관"으로 본 풍류도 비전秘傳처럼 실체는 잡

히지 않고 의뭉스럽기만 하던 그 풍류도가 이번 시집을 관통하며 '조선造船의 바다'를 '조선朝鮮 풍류의 바다'로도 읽히게 한다.

우주를 낳는 음양합궁陰陽合宮의 섹시한 공감각 이미지

"거선巨船의 질주는/ 시원始原의 합궁合宮/ 대자연의 동영상 오로라를 바라본다.// (중략) // 선녀와 나무꾼이 들켜버린/절정의 순간, 신음 한 자락.// (중략) // 아으, 아으/ 거북아 거북아/ 구지가龜旨歌를 부르며/ 거선이 태평양으로 들어간다."(「남극의 오로라」 부분).

섹시하기가 우주적인 시이다. 태평양을 항행하는 거선의 모습을 배와 바다가 관계하는 "시원의 합궁"으로 보고 있으니. "아으, 아으"라는 교성까지 지르며. 여기에 또 남극 오로라의 절묘한 묘사를 보라. 남극 하늘에 새파랗게 흐늘거리는 극광極光 한 자락을 "절정의 순간, 신음 한 자락"으로 단숨에 공감각화 하고 있지 않은가.

합궁의 시각적 장면을 "신음 한 자락"이라는 청각적 이미지나 나아가 "아으, 아으"라는 의성어로 생채로 붙잡는 공감각 자체가 바로 온몸으로 우주와 어우러졌던 인간의 시원적 감각이다. 이런 시원적, 우주적, 신화적 감각에 「선녀와 나무꾼」설화, 고대가요인 「구지가」, 판소리 「춘향가」 등 우리 민족 전통의 멋과 흥을 돋우며

"거선의 질주"를 소재로 우주 합궁의 창생신화를 쓰고 있는 것이다.

> 해를 따먹은 갈매기들이
> 밝고 명랑하게
> 하늘을 모시고 살아가듯이
> 바다 물비늘 건반 위를
> 파도가 연주하며 가고 있었다.
>
> 율동의 귀재 수평선에
> 순간과 영원을 정사(情死)하는 음표(音標)는
> 죽었다 깨어나기를 수억 년
> 산짐승처럼 물어뜯고 울었다.
>
> 백마(白馬) 떼가 몰려오는
> 파도 어깨와 허리의 물비늘
> 머리 풀어 헹구다가, 문득 일어나는
> 여신(女神)의 허릿짓은 찬란했다.
> – 「절정의 바다」 전문 –

절정의 바다에는 모든 것들의 생명력이 넘친다. '해', '갈매기', '하늘', '파도', '수평선' 등이 '산짐승'과 '백마'처럼 펄펄 살아있다. 생물이나 무생물뿐 아니라 '순간'과 '영원'과 '수억 년'이란 시간도, "죽었다 깨어나"는 '죽음'마저 살아 있다. 활물론적 이미지를 더욱 강화하는 성적 이미지의 절정, 하늘과 땅, 순간과 영원의 '정사'로 하여 모든 것에 아연 생명력을 불어넣고 있는 것이다.

위 시는 세 연, 각 연 네 행씩 단정한 형태로 구성돼 있다. 연을 달리해 파도를 변주變奏해가며 인상적 이미지들을 낳고 있어 장시집에서 떼어내 독립된 시로 감상해도 절창이다. 1연에서는 '갈매기'와 '파도' 이미지가 직유直喩로 연결돼 있다. 해를 따먹으며 하늘을 나는 갈매기, 바다 물비늘을 연주하며 바다 위를 나는 파도 이미지가 갈매기와 밝고 명랑하게 겹쳐지며, 하늘과 바다가 포개지는 수평선을 낳고 있다.

2연에서는 수평선의 파도를 묘사하고 있다. 하늘과 바다가, 순간과 영원이 포개져 출렁이며 율동하며 음표의 이미지를 낳고, 나아가 서로서로 물어뜯고 울부짖고 까무러치는 격렬한 파도가 정사의 이미지를 낳고 있다. 3연에서는 몰려들며 일어서는 파도의 형태와 부서지는 포말, 물비늘에서 여신의 관능적인 머리카락과 허리 이미지를 낳는다.

절정의 바다에서 탄생한 이 여신은 이탈리아 르네상스를 낳은 보티첼리의 그림 「비너스의 탄생」을 떠올리게도 한다. 그러나 그 그림 속의 비너스는 너무 작위적이고 종교적인 아이콘 같아 관능적인, 태초의 생명력은 전혀 드러내지 못한다.

"아, 이 물의 요정들 모습 영원히/ 지속되었으면./ 이네들 발그레한 살빛 하그리 연연하여 숲속같이 깊은 잠에 싸여 조는/ 공기 속에/ 하늘하늘 떠오른다.// 내가, 꿈에 취한 탓일까?/ 내 미몽은 해묵은 밤인 듯 쌓이고 쌓여/ 마침내 숱한 실가지로 돋아나더니/ 생시의 무성한 숲이 되어 내게 일깨우니,/ 오호라!/ 끝에 남은 것이란 나 혼자 애타게 그린/ 장미꽃빛 과오過誤."

　프랑스 상징주의 시 걸작으로 꼽히는 말라르메의 장시 「목신牧神의 오후」 앞부분이다. 고대 그리스 양치기들의 신이 물의 요정 님프 자매를 희롱하다 깨어나는 대목이다. 신화적 세계를 여신의 허리끈을 풀고 싶도록 관능적으로 그렸으되 "오호라!/ 끝에 남은 것이란 나 혼자 애타게 그린/ 장미꽃빛 과오過誤"라는 허망한 결말에 비해 「바다의 절정」은 굉장히 섹시하고 생산적이다.

　왜? 인간중심적인 서구 신화에 비해 우리네 신화세계는 삼라만상이 무등하게 서로 공경하고 서로의 밥이 돼 주고 서로 교접하며 서로가 서로로 무궁무진 전화轉化해가는 애니미즘, 풍류도이기에. 「바다의 절정」의 여신은 이런 풍류도의 절정에서 탄생했기에.

　장시집 하면 대개가 주인공을 내세워 역경을 헤쳐 나가게 하며 새 세상을 가꾸는, 이야기로 그 긴 길이를 이끌어가는 서사시인데 반해 『조선소의 바다』는 한편 한편이 독립된 시로 읽힐 만큼 서정성이 충전돼 있다. 민족혼의 뿌리인 풍류도, 신화의 애니미즘적 상상력과 문법에 의해 나와 너라는 시인과 삼라만상의 세계는 물론 원시와 현대, 이곳과 저곳의 시공時空까지 한순간에 어우러지게 하는 활력 넘치는 서정으로 긴 시를 이

끌고 있는 것이다. 거기에 관능적 이미지가 긴장과 활력을 더하고 있다.

"태평양은/ 물어도 물어도 끝이 없는/ 하늘과 바다의 입맞춤./ 느껴도 느껴도 끝이 없는/ 태양과 바람의 속삭임./ 신비의 베일 저쪽 암유暗喩의 무지개/ 시詩가 되고 배가 되어 헤엄쳐가는/ 그 날을 기다리며 꿈을 꾼다."(「만선滿船의 꿈」 부분).

"하루를 천년같이/ 미끄러지는 도마뱀 떼들/ 치달리다가 어스러지는/ 백마 떼 물비늘/ 뱃전에 부서지는 은유와 상징들/ 에로스의 씨톨들이 내달리고 있다."(「동해풍경 3」 부분).

이번 시집 곳곳에는 이렇게 우주적인 에로스가 드러난다. 그 원시와 현대의 원초적 합궁으로 "에로스의 씨톨들"인 시와 배를 낳고 있다. 「만선의 꿈」위 대목에서 가도가도 수평선뿐인 태평양을 하늘과 바다의 끝없는 에로스 욕구로 드러내고 있다. 「동해풍경 3」에서 동해바다 뱃전에 한사코 부서지는 파도를 에로틱하게 그리고 있다.

그러면서 그 "에로스의 시톨들"을 '은유', '상징', '암유'라는 시적인 비유로 부르고 있다. 은유와 상징은 말 없는 우주, 뜻 없이 자연스런 대자연의 뜻을 드러내고 환기시키려는 인간의 작위作爲, 시적 기교에 지나지 않는다. 그런 은유와 상징의 암유에 대자연은 끝끝내 입 다물고 의연한 그 자체일 것. "신비의 베일 저쪽 암유의 무지개"로 남아 있을 뿐이다.

현대와 원시가 원초적으로 만나는 『조선소의 바다』에는 인간이 자연에 자의적으로, 독단적으로 개입하려는 은유나 상징이나 암유의 배후가 없다. 위에서 보듯 공감각 이미지만 신선하게, 섹시하게 드러내고 있다. 활물론적 세계에 인간의 의미가 개입하는 순간 삼라만상은 생명, 그 유기체적 활력을 잃는다.
　"태평양 물고기의 싱싱한 회처럼/ 관념의 껍질을 벗기고/ 고추장을 찍을 때의 그/ 일제히 몰려오는 물음표와 느낌표/ 만선 가득한 어망 같은 감탄사!" 「낚시의 꿈」 한 부분에서처럼 시원始原의 언어는 물음표와 느낌표, 감탄사였다. 이 언어들은 즉자적卽自的인 존재론적 언어이지 대자적對自的인 의미론적 언어가 아니다.
　온몸과 혼에 감전돼 오는 대상의 느낌을 인간의 의미나 관념으로 잡으려면 반의반도 못 잡을 것. 좀 더 깊고 넓은 의미가 내장된, 그러나 결국은 인간 쪽의 의미인 메타포나 심벌이 아니라 시인은 삼라만상을 싱싱한 느낌으로 잡아 전하기 위해 신선하고 섹시하고 공감각적인 다면적 이미지 위주로 이번 장시집을 끌고 가고 있다.

詩, 묵시록적 말세를 정화하는 태초의 빛과 소금

　"조선공법은 구멍과 꼬챙이/ 농부처럼 대지를 파고/ 확실한 종자를 뿌린다.// 나사에는 보도 낫도/ 열려있는 밭에 확실한 뿌리를 뻗는다.// 음과 양은 존재의 집 / 존재를 위한 말씀의 집"(「조선공법(造船工法)」부분).

 암나사인 너트에 수나사인 볼트를 끼워 조립하는 조선공법을 땅 구멍을 파고 곡식 종자를 심는 농사와 같은 일로 보고 있다. 그러면서 동양사상의 뿌리에서 그 음양陰陽의 조합을 우주 삼라만상의 존재의 집으로 보고 있다. 이런 음양사상에 심취해 사물의 현상을 인간이 아닌 사물 자체 쪽에서 보려했던 실존철학자이자 현상학자 하이데거도 시의 언어를 존재의 집이라 했듯 시인도 존재의 집으로서의 언어로 음양을 교접시키며 바다와 조선의 시를 낳고 있는 것이다.

 "하나의 강판에/ 또 하나의 강판을.// 또 다시 그 곁에/ 하나씩 둘씩/ 용접을 해 나가면.// 그 곁에 깃드는 혼/ 깃든 혼 곁에 또 혼이 깃들어/ 산맥들, 준령들 줄기줄기/ 태초처럼 자연스럽게 이어지고,"(「강판 붙이기」부분).

 강판을 용접해 산맥 같은 거대한 배를 만들어가는 과정이 마치 천지창조 신화처럼 그려지고 있다. 강판 곁에 또 강판이 물리고 물리면서 다정다감하게 속삭이면서 줄기줄기 태초처럼 우주창생의 파노라마를 펼쳐나가고 있다. 거기에 또 노동의 숨결을 불어넣고 창조주의 혼까지 깃들어놓고 있다.

 "구릿빛 등살을 드러낸 채/ 망치를 내려치는 가야의 대장장이/ 땀에 절은 수건에 빨려드는 바다.// 생명의 의욕이 바다로 넘치면서/ 노력의 결정체, 바다의 입방체./ 건강한 소금을 불러들인다."(「소금의 사상」부분). 바다와 사람과 배는 소금의 결정체로서 일치한다. 또 구릿빛 등살의 건강한 노동의 생명력으로 태고와 가야와 현대는 일치한다.

"햇볕과 공기와 물에 의하여/ 하늘님과 조상님의 은덕에 의하여/ 어머니의 자궁으로부터/ 바닷물 같은 자궁의 양수로부터/ 우리는 소금의 정신으로 태어났느니라."(「소금론(論)」부분). '햇볕', '공기', '물' 등 태초의 물질 결정체가 소금이다. 삼라만상의 건강한 노동, 생명의 결정체가 소금이란 것이다. 해서 소금은 우리를, 나아가 삼라만상을 낳는 우주의 자궁이란 것이다. 이런 태초의 소금의 사상, 정신에 충실한 것이 노동이요 하여 그 노동의 결정체로 태어난 시인의 배 역시 신화성을 띠게 되는 것이다.

이글거리는 화덕 옆에서
모루 위에 달구어진 쇠붙이를 올려놓고
힘차게 메질을 할 때마다
번쩍번쩍 불똥이 튀길 때
온갖 잡것, 녹들이 떨어져 나가듯이
거짓된 쭉정이들, 건달들이 다 떨어져 나간다.

배를 만드는 데에
건달들은 살아남지 못하고
불똥이 되어 떨어져 나간다.

보검, 명검을 만드는 대장장이는
허튼 생각 하지 않고
오로지 자나 깨나 화덕에 불을 지피고
해머를 두드려 쇠에서 녹을 빼어낸다.

정치하는 건달들, 춤추는 제비들,
치졸한 사기꾼들, 좀벌레 같은 협잡꾼들,
사이비 문인들, 아부에 살찐 아첨꾼들,
정권에 빌붙어서 혹세무민한 무리들을
쇠망치로 내려칠 때마다 번쩍번쩍
온갖 녹슨 똥이 떨어져 내린다.
　　　　　　－「대장장이의 꿈」부분 －

　에덴동산이란 신화적 낙원에서 쫓겨난 인류가 최초로 이룬 문명이 수메르문명. 기원전 4천5백년 경 고원에 살던 부족들이 내려와 구리를 녹이는 앞선 기술로 소위 '대장장이들의 도시국가'를 세우며 인류 최고의 서사시「길가메시」를 낳고 세계 4대문명을 태동시킨 문명이 수메르문명이다.
　신권神權을 갖고 국가를 세우고 문명을 일으킨 자, 신과 인간을 연결하는 고리로서의 대장장이가 현재의 조선공들로 위 시에는 드러난다. 우리 시대 조선공으로서의 대장장이는 쇠에서 불순물인 녹을 뺀다. 순정한 마음과 노동으로 세상의 허튼 것들을 모조리 내쳐버리고 순정한 우주를 만들어 나가는 신화적 창조주 모습을 위 시의 대장장이는 보인다.

그런 신화적 대장장이는 지금 우리 현실 세태와 겹치며 부정을 몰아내는 정화역할을 한다. 4연에서 건달, 제비, 사기꾼 등을 몰아내는 장면을 보라. 마치「춘향가」어사出도 상민처럼 순정 지키는 춘향을 구해주고 잡것들은 벌벌 떨게 하는 신명난 판소리 사설조 아닌가.

"대자연은 저리도 광활하고 아름다운데/ 바닷가 조선소의 역사役事는 하늘을 찌르는데/ 온갖 신문이나 텔레비전이나 컴퓨터의 소식은/ 삼독三毒, 오욕五慾, 칠정七情으로 가득한 쓰레기장이다."(「푸른 바다 빛깔」부분).

대자연과 대자연 닮은 조선소의 일들은 광활하고 아름다운데 지금 우리네 인간세상은 쓰레기 같다는 것이다. 그래 인간의 욕심으로 가득 찬 세상, 그 묵시록적 세계를 정화하여 태고의 그 청정한 세상으로 가꾸는 노동이 대장장이의 조선이며 시인에겐 시 창작이 되는 것이다.

"적조에는 황토 흙을 뿌려라. 황토 흙을 뿌리면 바다가 살고 나라가 사느니라. 황토 흙은 민초들의 정신, 황토 흙은 의병들의 정신, 황토 흙은 향토의 정신, 황토 흙은 반골의 정신, 황토 흙은 화해의 정신이다."

산문시 형태를 띤「적조현상(赤潮現象) 3」한 부분이다. 폐수 유입과 지구 온난화로 바다의 붉은 재앙으로 불리는 적조현상이 여름이면 해마다 발생해 바다를 황폐화시키고 있다. 쓰레기 같은 인간들로 인한 적조현상으로 걷잡을 수 없이 부패해가는 우리 사회를 사설조로 후련하게 고발하고 바로잡기 위해 산문시 형식을 취했을 것이다.
 그러면서 적조현상의 유일한 퇴치제인 '황토'에 시인은 지금까지 견지해온 시정신을 오롯이 싣고 있다. 민초들의 정신인 순리, 의로운 정신, 향토심으로서 민족혼의 뿌리, 불의의 시대와 권력에 맞서는 반골 정신, 무엇보다 잡것들까지 교화해 끌어안는 화해의 정신 등. 가위 '선비시인'으로 통하는 시인의 시정신이 황토에 실천의지로 집약돼 세상을 정화하고 있다.
 이렇듯 장시집 『조선소의 바다』는 태고의 밝은 빛과 청정함, 부패해가는 지금 우리 세태를 함께 드러내고 있다. 그러면서 우주 섭리대로 세상을 정화하고 균형을 회복해 다시 신화시대 신천지로 나아가자 하고 있다.

시인의 목소리, 민족혼과 대자연의 포효

 신비의 베일을 벗고
 안개 속을 응시하는 극동(極東)의 잠망경(潛望鏡)
 이른 아침부터 수평선을 살피고 있다.

 자기네 섬이라고 우기는 놈들
 호시탐탐 노리는 놈들을
 살피고 몰아내고 지켜오는 신,
 마지막 보루를 지키는 수호신이다.

 뿌리는 해저(海底)에 뻗고

줄기는 하늘로 생각이 많은 잠세어(潛勢語)
암유(暗喩)를 넌지시 내비치고 있다.
(중략)
아득한 반만년 전
파미르고원에서 천산산맥 줄기를 따라
해 돋는 동녘으로 지국총 지국총
신시(神市)의 때로부터 오늘날까지
굴광성식물처럼 뻗어 나왔느니라.
내가 누구인지 돌아보게 하고
어떻게 살아야 하는지 깨닫게 하는
백의 겨레의 향도자
뿌리를 찾아 지키라고 말하고 있다.
(중략)
한반도에서 뻗어나간 마지막 뿌리가
뿌리의 정신을 포효하고 있다.
안개 낀 수평선을 향하여
이 나라 탄생이 반만년이라고
유구한 반만년 역사를 훼손하지 말라고
들개처럼 목이 쇠도록 울부짖고 있다.
― 「독도(獨島)」 부분 ―

　요즘 한일 간 분쟁이 한층 고조되고 있는 독도를 소재로 해 시의에 딱 들어맞는 시이다. 그러면서 시인의 반세기 시업, 특히 이번 장시집을 여일하게 관통해온 민족혼과 민족에 대한 사랑이 그대로 드러난 시이다.
　첫 연에서 독도는 안개 속 같이 혼미한 극동의 정세, 혹은 수평선의 신비를 살피는 '잠망경'으로 묘사되고 있다. 잠망경은 몸통은 바다 속에 잠겨 있으면서 머리만 밖으로 내민 바위섬 형상에서 따온 것으로 불안한 극동 정세의 현실성과 해무海霧 속 홀로 서 있는 섬 자체의 서정성을 동시에 환기시키고 있는 참신한 이미지이다.

2연에서 독도는 국토의 마지막 보루를 지키는 '수호신'으로 묘사되며 민족적 의미를 강화한다. 3연에서 독도는 뿌리는 땅에 뻗고 줄기는 하늘로 향하는, 땅과 하늘을 연결하는 우주목, 우리민족에는 당산나무 같은 형상으로 묘사되며 그 나무가 힘주어 들려주고픈 말, '잠세어'의 상징으로 나타난다.

그러다 6, 7연에 와서 독도는 우리 민족을 반만년 지켜온 수호신, 당산나무 목소리로 그 잠세어를 들려준다. 성경 속 민족이 에덴동산을 떠나 젖과 꿀이 흐르는 약속된 땅 가나안에 이르렀듯 우리 민족은 파미르고원 마고성을 떠나 굴광성식물처럼 밝은 빛을 좇아 물비늘같이 찬란하고 신선한 아침 해가 돋는 동녘 이 조선朝鮮에 이르렀다. 너도 왕이고 나도 왕인 무등한 세상, 널리 세상을 이롭게 하는 신시를 여는 환고복본을 다짐하는 민족임을 자각하라 독도는 전하고 있다.

그러다 마지막 연에 이르러 민족 수호신으로서의 독도의 목소리는 시인의 목소리와 겹쳐지고 있다. 우리 민족 "뿌리의 정신을 포효하고 있"는, "목이 쇠도록 울부짖고 있"는 것은 독도이자 시인이다. 나아가 이 장시집 『조선소의 바다』의 울부짖음이요 민족혼의 포효이

기도 하다.

　이렇듯 『조선소의 바다』는 황송문 시인의 흐트러짐 없는 시업 50년과 민족혼이 어우러져 민족, 나아가 인류 시원의 삶과 꿈을 오늘에 생생하게 되살려낸 신화이다. 홍익인간의 정신으로 지금 우리의 썩은 사회를 정화하고 5대양 6대주가, 우주 만물이 함께 즐겁게 어우러지는 신세계를 창조하고 있다.

　민족의 순정한 혼과 도道의 경지에 이른 시적 역량으로 서정성 높은 우리 시대 신화 창조를 경하드리며 망백望百을 향한 시업의 장도를 빈다.

黃松文 長詩集 조선소의 바다

초판인쇄	2012년 10월 16일
초판발행	2012년 10월 19일
지 은 이	황송문
발 행 인	황송문
펴 낸 곳	문학사계
주 소	서울특별시 영등포구 문래6가 56-1
	미주프라자 B1 102호
전 화	070-8845-9759
	(010)2561-5773
팩 스	(02)2676-9759
이 메 일	songmoon12@hanmail.net
등 록	2005년 9월 20일
	제318-2007-000001호

값 7,000원
ISBN 978-89-93768-27-5 03810

배포처 자유문고 (02)2637-8988